U0905611

# BIG DATA strategy

# 大数据战略

## 〈个人、企业、政府的思维革命与红利洼地〉

徐端◎著

新世界出版社
NEW WORLD PRESS

**图书在版编目（CIP）数据**

大数据战略：个人、企业、政府的思维革命与红利洼地 / 徐端著.
--北京：新世界出版社，2014.3
ISBN 978-7-5104-4914-7

Ⅰ. ①大… Ⅱ. ①徐… Ⅲ. ①数据处理-研究 Ⅳ. ①TP274

中国版本图书馆CIP数据核字（2014）第025120号

**大数据战略：个人、企业、政府的思维革命与红利洼地**

---

**作　　者：** 徐　端
**责任编辑：** 黄晓林　周　珊
**责任印制：** 李一鸣　黄厚清
**出版发行：** 新世界出版社
**社　　址：** 北京市西城区百万庄大街24号（100037）
**发行部：**（010）6899 5968　（010）6899 8733（传真）
**总编室：**（010）6899 5424　（010）6832 6679（传真）
http://www.nwp.cn
http://www.newworld-press.com
**版权部：** +86 10 6899 6306
**版权部电子信箱：** frank@nwp.com.cn
**印刷：** 三河市骏杰印刷厂
**经销：** 新华书店
**开本：** 710×1000　1/16
**字数：** 180千字　**印张：** 12.75
**版次：** 2014年4月第1版　2014年4月第1次印刷
**书号：** ISBN 978-7-5104-4914-7
**定价：** 29.80元

---

# 序　言

2013年4月15日，波士顿马拉松比赛现场发生爆炸案。仅仅几小时内，数以千计的在场群众就通过手机、相机、平板电脑等设备将在事发现场拍摄的照片和视频放到了网上。3天后，犯罪嫌疑人便已被确认。又一天后，两名犯罪嫌疑人和警方爆发枪战，结果一死一伤。

这是历史上第一次反犯罪机构的专业能力与社会大众汇集的大数据结合起来，在与犯罪分子的时间竞赛中取胜。

在很多人还不知道“大数据”这个词的含义时，大数据时代已经悄然到来。

随着社交网络的逐渐成熟，移动带宽迅速提升，云计算、物联网应用更加丰富。更多的传感设备、移动终端接入网络，由此产生的数据及数据增长速度迅速攀升。

一项针对甲骨文公司独立用户的调查发现，90%的企业的数据量在迅速上涨，其中16%的企业的数据量每年增长率达到50%或更高。不少企业已经感受到失控的数据增长对绩效造成的冲击，其中87%的受访者将企业的应用程序性能下降归咎于不断增长的数据量。另一项调查则显示，全球数据量在2011年已达到1.8ZB，在5年里增加了5倍。

1.8ZB是什么样的概念呢？如果把所有这些数据都刻录存入普通DVD光盘里，光盘的高度将等同于从地球到月球的一个半来回，也就是大约72万英里。这相当于每位美国人每分钟写3条推特，而且还要不停地写2.6976万年。是不是很恐怖？这还不是最恐怖的，一个权威调查机构还预测全球数据量大约每两年翻一番，2015年全球数据量将达到近8ZB，到2020年，全球将达到35ZB。

这个数据不可谓不大！然而，大数据的“大”不仅仅在于数据量的庞大，还有其他的特征。某项技术要想成为大数据技术，必须满足IBM所描述的3个条件，即多样性、大容量和时效性高。

从20世纪70年代末期开始，已经实现工业化的发达国家先后开始了向信息化社会转型的过程。站在今天的角度观察，这一由工业化向信息化的转型可以分为3个时代，即计算机时代、互联网时代和大数据时代。到90年代中期，美国已经基本度过了计算机时代，计算机高度普及，解决了信息的机器可读化和数据的可计算化问题。在21世纪初，美国也基本走完了互联网时代的路程，互联网高度普及，解决了信息传递和信息服务问题。在计算机和互联网的基础上，美国正在步入一个全新的历史阶段——大数据时代。

从最早的结绳记事到后来的问卷调查，从早期巨型计算机作为唯一的电子化数据获取和处理工具到后来PC的普及，再到今天的智能手机、谷歌眼镜和穿戴型数据终端以及形形色色的数据传感装置，人类将物理界、生物界和社会界的万事万物数据化并加以存储处理的能力大幅提高，可以说无处不在，无物不读。截至2013年5月，全球具备数据获取存储处理和传输的数据终端设备已经超过100亿台，并且以每两年翻番的速度增长。互联网从早期的有线网络发展出无线网络，数据传输速度越来越快，数据传输成本越来越低。

当互联网与数据终端合为一体，就开始形成一个全面深入映射现实世界的数据化世界，也就是人们所谓的大数据。获取和利用大数据，寻找过去现实世界中所没有的全新生活方式、社会治理机制和经济发展途径，开始成为社会方方面面关注的焦点，这就是人们所谓的大数据时代。当获取和利用大数据成为社会共识和社会发展的主要推动力的时刻到来，可以说人类全面进入了信息化社会。

欢迎来到这个新时代，这个崭新的、神奇的大数据时代。

# 目　录

# 第一章　从小数据到大数据

过去很长时间，我们习惯采用问卷调查、现场采访等方式去采集一些有代表性的数据，借以分析我们要解决的问题。这些方法在过去取得了很不错的效果。只是，随着科技的迅猛发展，我们对数据处理和分析的要求越来越高，这些方法慢慢变得不太适合了。此时，大数据应运而生，逐渐展示出惊人的力量。

# 一、大数据的过去

## 给你一家超市

如果现在你是一家超市的经营者，你会怎么让超市的利益最大化呢？

随便想想都有很多办法，如降低进货成本、降低物流成本、精简不必要的人员、优化销售团队、策划必要的营销活动、分析其他超市的策略、分析消费者需求……这些举措中，有的可以直接降低成本、提高利润率，有的则间接地提高销售数据。而其中最重要的，肯定是分析消费者需求。那么，你会怎么分析消费者的需求？

先看一个销售的例子吧。

一位老太太走到路边的水果摊，想买一些杏子，她先到了第一个水果摊。

老太太上前，问摊主："你这个杏子怎么样？"摊主热情地说："我的杏子又大又甜，保证好吃啊。"老太太想了想，摇摇头走了。摊主一脸失望，不知道为什么老太太没买他的杏子。

老太太走到了第二个水果摊，问道："你这个杏子怎么样？"这位摊主也很热情地回答说："都挺好的啊，您想要什么样的？"老太太回答："我想要那种比较酸的。"摊主很诧异，酸杏子谁吃啊。他眼珠一转，笑眯眯地说："大妈，您这是故意套我话的吧？我这儿绝对都是个赛个的甜，保证您买了不吃亏。"老太太回答说："你这儿真没酸的？"摊主信心十足地说："有一个酸的我赔您一筐！"老太太摇摇头，叹了口气，又往前走了。自己这么保证了老太太还是没买，摊主别提多失落了。

老太太走到了第三个水果摊。摊主一见到老太太便上前问道：“您想买点什么？”老太太说：“我想买点酸的杏子。”摊主说：“我这儿倒是有酸杏子，可是我觉得您这样年纪的人，吃得太酸了不太好呢。您保重身体啊！您要不搭配着买点儿别的，比如香蕉什么的。”老太太高兴地答复道：“不是我要吃，是我儿媳妇要吃。”摊主又问：“您儿媳妇要吃酸杏子啊，您这是要抱孙子了吧？”老太太高兴地说：“是啊是啊，她刚怀孕没多久，就想吃点酸的。”摊主笑着回答说：“酸儿辣女，您肯定能抱个大胖孙子！我这还有猕猴桃，含各种维生素，特别适合孕妇吃。您要不也来点？”就这么一句又一句，老太太特别开心，最后老太太买了摊主推荐的很多水果走了。

在这个例子里，很明显，第三个摊主是最成功的。他的成功在哪里呢？在于他问清楚了老太太的需求。在他与老太太的对话里，他获得了几个信息：老太太需要酸杏子；酸杏子是给儿媳妇吃的；儿媳妇怀孕了。由这几个信息，他便能从营养搭配等角度去推荐他的产品（水果），既满足了消费者本身的需求（酸杏子），又挖掘出消费者潜在的其他需求（各种营养）。

这样的场景，我们在生活中可能经常遇到。可是在大型超市，商家并不是一对一地跟消费者沟通。更多的情景是，商家把物品放到货架上供消费者自行选择。在这种情况下，怎么能够知道消费者潜在的需求呢？

在一家超市中，人们发现了一个特别有趣的现象：尿布与啤酒这两种风马牛不相及的商品居然被摆在了一起。但令人不解的是，这一奇怪的举措居然使尿布和啤酒的销量大幅增加了。这可不是一个笑话，而是一直被众多商家所津津乐道的发生在美国沃尔玛连锁超市的真实案例。实际上，这不是美国人的幽默细胞所致，而是数据的魔力。这个发现为沃尔玛带来了大量的利润，但沃尔玛是如何从多如牛毛却又杂乱无章的数据中发现啤酒和尿布销售之间的联系的呢？这又给了我们什么样的启示？

沃尔玛的商品种类非常多，它有一套非常复杂的方法对所有商品的销售情况进行统计。沃尔玛通过对每件商品每天的销售数据统计发现，每到周末啤酒和尿布的销量就异样的好，这两者之间似乎有什么关联。但是，沃尔玛并没有去找这两个销售数据之间的联系，而是立即做出决定，将这两样商品摆放在一起，结果这两样商品销售量都大幅增加。显然，这个决定是正确的。那么原因是什么呢？

有人分析称，因为在美国，周末电视台一般会转播球赛，而看球赛的大部分是男人。男人们在家看球赛的时候都会拿上一罐啤酒，受到冷遇的妻子会出门逛街或和闺密小聚，照料小宝宝的重担就留给了留守的丈夫。就这样，沃尔玛把婴儿尿布放在啤酒销售区旁，男人往往会在买啤酒的时候顺手拿起尿布。

也有人说，是因为在美国家庭里，一般都是丈夫挣钱养家，妻子照顾孩子。忙于照顾孩子的妻子经常会嘱咐丈夫在下班回家的路上为孩子买尿布，而丈夫在买尿布的同时又会顺手购买自己爱喝的啤酒。

这两个原因都说得通。那么，真正的原因是什么呢？

你是不是开始思考这个问题了？打住！别忘了，我们假设的是你是一个超市的经营者，你要解决的是让超市利益最大化，达到这个目的就行了，你不是研究这些现象的科研人员，没有必要去搞清楚这些问题后面的复杂原因。如果你有一辆汽车，你更需要学习的是驾驶而不是汽车制造及修理。同样，如果你有足够多的数据并分析出了结果，你需要做的是利用结果去提高盈利而不是搞清楚结果背后的原因。

作为一名超市的管理人员，你肯定会对沃尔玛如何统计分析各类销售数据感兴趣。可是，数据到底是什么呢？我们不妨回顾一下数据的历史。

## 十九头牛的难题

数据是什么？

一年有365天；真空中的光速是299792458米每秒；正常人心跳每分钟大约75次（60~100次）；2013年11月15日国内汽、柴油标准品最高供应价格每吨分别为8715元和7890元；2012年度北京市职工月平均工资为5223元，比上年增长11.8%……

可以说，我们的生活里到处都是数据。

数据是对客观事物的符号化的表示，是未经加工的、用于表示客观事物的原始素材，如图形符号、数字、字母等。换句话说，数据是通过物理观察得来的事实和概念，是关于物理世界中的地方、事件、其他对象或概念的描述。在计算机科学里，数据被定义为所有能输入到计算机并被计算机程序处理的符号的介质的总称。

数据具有数值属性、物理属性，这一点和数字是不同的。很多人会把数据和数字混为一谈，其实，可以这么说，数字是一种没有物理属性的数据。

比如，1+1=？是数字计算，结果是2，这个是没有问题的。如果我们加入物理属性，1个土豆+1头牛=？由于土豆和牛的物理属性不同，我们没法求出它们的和，总不能说答案是土豆烧牛肉吧？

在计算机问世之前，人们处理的数据一般都是有关数字的数学问题，比如家喻户晓的分牛问题便是一个很经典的例子。

一位老人养了19头牛。临终前，他对3个儿子立下遗嘱："家中有19头牛，老大可以分1/2，老二可以分得1/4，老三则只能分到1/5。牛不得杀死分肉，不得卖钱后分钱。"说完老人便去世了。3个儿子犯愁了，19头牛怎么分1/2、1/4、1/5啊？每个人都想多分一点儿，每个人又不肯吃一点儿亏，于是争吵了起来。

一位智者想到了办法，他笑眯眯地对老人的3个儿子说：“我有办法。”然后他把自己家的一头牛牵来，和19头牛放到一起，又对他们说：“现在这里有20头牛，老大分1/2，也就是10头；老二分1/4，也就是5头；老三分1/5，也就是4头。剩下还有一头是我牵来的，我牵回去好了。”3个儿子终于解决了这个问题，喜笑颜开，重归于好。

$$20\times\frac{1}{2}=10$$
$$20\times\frac{1}{4}=5$$
$$20\times\frac{1}{5}=10$$
$$10+5+4=19$$

分牛问题

这是一个很小的有关数据的故事，日常生活中，我们经常会遇到各种数据。一般来说，我们都是通过数学来解决这些问题的：五险一金的计算问题；话费套餐的计算问题；银行利息的计算问题……我们每天都在和各式各样的数据打交道，也许我们对此已经习以为常、熟视无睹。

最开始，我们的生活里都是很小的数据：部落里20头猎物如何分给50个人；采集的200颗浆果一半给部落首领家族后其他人怎么分；两个部落间的土地如何平分……这一类的问题，随着人类数学水平的提高，慢慢地得到了解决。同时，人们也遇到了越来越棘手的问题：一个人每周买一注彩票，20年内中500万的概率有多大；一个人父母都是A型血，孩子是O型血的可能性有多大；一块完全不规则的土地，如何划分成5等份，等等。中国古代也有一些很经典的数学题：

1. 八万三千短竹竿，将来要把笔头安，管三套五为期定，问君多少能完成？

用现代的话说就是：有83000根短竹竿，每根短竹竿可制成3个笔管或者5个笔套。怎样安排制笔管和制笔套的短竹的数量，使制成的笔管和笔套正好数量匹配。

2. 有井不知深，先将绳三折入井，井外绳长四尺，后将绳四折入井，井外绳长一尺。问井和绳长各几何？

3. 今有门厅一座，不知门广高低，长杆横进使归室，无奈门狭四尺，随即竖杆过去，也长二尺无疑，对角斜进恰好齐。请问高宽各几？

4. 100个大人和小孩共吃100个馒头，已知大人每人吃3个，小孩3人合吃一个。大人和小孩各有多少？

5. 今有蒲生一日，长三尺；莞生一日，长一尺。蒲生日自半，莞生日自倍。问几何日而长等？

6. 甲赶群羊逐草茂，乙拽肥羊一只随其后；戏问甲及一百否？甲云所说无差谬，若得这般一群凑，再添半群小半群，得你一只来方凑，玄机奥妙谁猜透？

7. 远望巍巍塔七层，红光点点倍加增。共灯三百八十一，请问各层几盏灯？

可以说，这些数学题很多都是古人遇到的各种问题的再现。

我们不仅发明了数字用以记录储存数据，还发明了不同的计量单位、不同的进制。一分钟有60秒，一天有24小时，一秒等于100毫秒，等等，在不同的领域里，二进制、八进制、十进制、十六进制、六十进制等发挥着不同的作用。

在十进制的世界里，人们用以记录数据的数字符号有10个，分别是从0到9，数数的方式是0、1、2、3、4、5、6、7、8、9、10……而在计算机里使用的是二进制，记录数据的符号只有0和1，数数的方式是0、1、10、11、100、101、110、111、1000……再比如，中国有个成语叫作“半斤八两”，用以表示旗鼓相当，水平差不多，这是因为中国古代的秤采用的是十六进制，一斤等于十六两。半斤和八两，确实是旗鼓相当的。

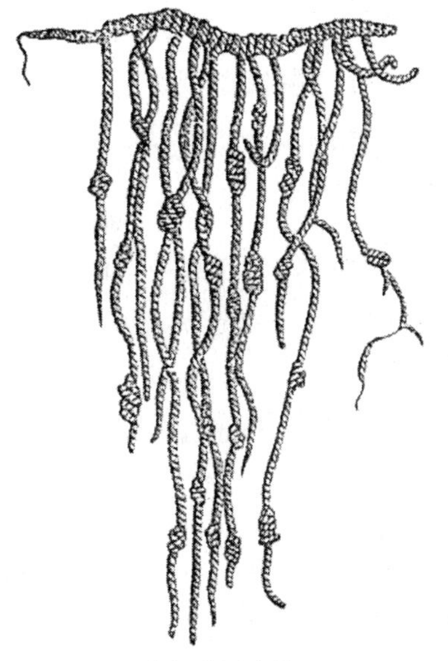

印加帝国奇普

从古至今，数学一直伴随着数据处理的问题发展着。

数学，起源于人类早期的生产活动，为中国古代六艺之一，亦被古希腊学者视为哲学的起点。史前的人类除了学会以数字统计物品的数量外，也学会了数一些抽象的东西的数量，比如天数、季节、年数。古代的许多文物如石碑、石刻、泥版都证实了这种说法。更进一步则需要写作或其他可记录数字的系统，如符木或印加帝国用来储存数据的奇普。历史上曾有过许多有分歧的记数系统。

从历史时代的一开始，数学的主要原理是为了做税务和贸易等相关计算，为了了解数字间的关系，为了测量土地，以及为了预测天文事件而形成的。这些需要可以简单地被概括为数学对数量、结构、空间及时间方面的研究。

到了16世纪，算术、初等代数以及三角学等初等数学已大体完备。17世纪变量概念的产生使人们开始研究变化中的量与量的相互关系和图形间的相互变换。在研究经典力学的过程中，微积分的方法被发明。随着自然科学和技术的进一步发展，为研究数学基础而产生的集合论和数理逻辑等也开始慢慢发展。

数学从古至今便一直不断地延展，且与科学有丰富的相互作用，并使两者都得到好处。数学在历史上有着许多的发现，并且直至今日都还处在不断的发现中。

数学本身作为一种工具，对数据问题的解决起到了最关键的作用。随着数学的发展，以前不能解决的数据问题逐渐得到了解决。

## 从现场调查说起

英国历史上爆发过几次瘟疫。一个半世纪前，英国接二连三地爆发霍乱，成千上万人被瘟疫夺去了生命。伦敦的布劳德大街（现在的布劳维克大街）附近，3天内有127人被瘟疫夺走了生命，霍乱爆发后的头10天就有500人丧生。

霍乱在当时是致命的疾病，人们既不知道它的病源，也不了解它的治疗方法。因此，每次一爆发霍乱，就有成百上千的人死去。那个时代，人们普遍认为霍乱是“疠气”（或称“恶气”）所致。有位年轻医生亲眼目睹了这一幕幕惨剧，忧心如焚。这位医生叫约翰·斯诺，他医术精湛，在伦敦非常有名，以至于维多利亚女王都请他当私人医生。约翰·斯诺想要挑战并解决这个问题，他知道，在找到病源之前，霍乱是无法控制的。

约翰·斯诺

霍乱之所以能致人死亡，当时有两种看法，斯诺对这两种推测都很感兴趣。第一种看法是霍乱病毒在空气中繁殖，它像一股危险的气体到处漂浮，直到找到病毒的受害者为止。第二种看法是人们在吃饭的时候把这种病毒引入体内。病毒从胃里发作而迅速殃及全身，患者会很快死去。

斯诺推测第二种说法是正确的，但他需要证据证明自己的推断。因此，在1854年伦敦再次爆发霍乱的时候，他开始着手准备他的调查。当霍乱在贫民区迅速蔓延的时候，他就开始收集资料。在两条特定的街道上，霍乱病情很严重，以致10天之内就死去了500多人。他决心要查明其中的原因。

首先，他在一张地图上标明了所有死者居住的确切地方。这给他提供了一条说明霍乱起因的很有价值的线索：许多死者是在宽街的水泵附近（特别是这条街上的16、37、38和40号）居住。斯诺还注意到有些住户（如宽街上的20号和21号以及剑桥街上的8号和9号）并没有感染霍乱而死亡。他没有预料到这一点，于是他做了进一步调查。他发现，这些未被感染的人都在剑桥街7号的酒馆里打工，而酒馆为他们提供免费啤酒喝，因此他们没有喝水泵抽上来的水。就这一点来看，霍乱的流行要归罪于饮用水了。

其次，斯诺调查了这两条街的水源情况。他发现，水是从河里打来的，而河水被伦敦排出的脏水污染了。斯诺马上叫宽街上惊慌失措的老百姓拆掉水泵的把手。这样，水泵就用不成了。民间的说法是当人们把抽水机的手柄移走后霍乱就随之停止了。

在伦敦市的另一个地方，斯诺从两个与宽街爆发的霍乱有关联的死亡病例中找到了证据。有一位妇女是从宽街搬来的，她特别喜欢宽街的水，每天都要派人从水泵打水运到家里来。她和她的女儿喝了这种水，都得了霍乱而死去。斯诺在此之前就曾经表明，霍乱是由病菌而不是由气团传播的，现在有了这个额外的证据，他就能够肯定地宣布这种被污染了的水携带致病菌。

为了防止这种情况再度发生，斯诺建议所有水源都要经过检验。自来水公司接到指令，不再让人们接触被污染的水。最后，霍乱就这么消失了。

斯诺医生所开创的现场调查方法标志着传染病流行病学的开始。后来，亚历山大·朗缪尔医生把这门学问引入美国。作为美国疾病预防与控制中心的首席流行病专家，朗缪尔在1951年创建了流行病学情报所，用于训练“疾病侦探”。他把这个项目设计成一种“国民防御”的形式，并向外界兜售，用以抵制冷战期间生物武器的威胁。流行病学情报所在如脊髓灰质炎、铅中毒等许多疾病的预防、控制方面发挥了主导作用。该组织的成员自豪地戴着一枚翻领别针，上面有一个穿孔的皮鞋图案，象征着疾病监测活动的汗水与艰辛。

朗缪尔的办公室里悬挂着他所敬仰的3位偶像的肖像：约翰·斯诺、埃德温·查德威克爵士和查尔斯·蔡平。查德威克爵士跟斯诺一样，是英国19世纪推动公共卫生改革的先驱。他提倡居民们用水管将水输送到家里，这种观念在当时是很新鲜的。蔡平在美国罗得岛州普罗维登斯市当了48年的卫生员，被大家称为“城市卫生官员主任”。他在19世纪80年代推动了美国的公共卫生运动，而且拥护在公共卫生管理中使用科学原则。

朗缪尔到处宣讲合作的价值，鼓励那些来自心理学、人类学、社会

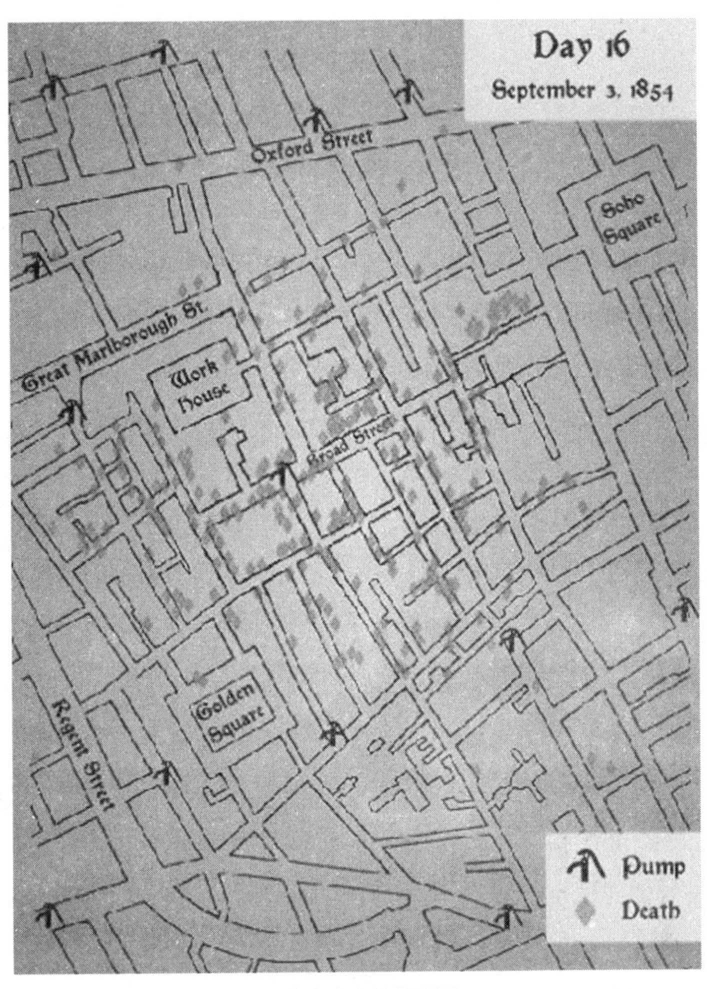


斯诺手绘疫情蔓延图

学及其他学科领域的人参加流行病学情报所培训。到今天为止，已有3000多名官员毕业于此；最近的班上大约有30%的学员不是医生。流行病学情报所培养出来的官员不仅以分析的细致见长，而且具备实际的眼光，他们因集两种优点于一身而著称于世。

约翰·斯诺的现场调查方法和朗缪尔的"疾病侦探"其实是小数据时代使用的典型方法，长期以来，人们使用类似的方法成功地解决了各种问题。直到现在，这些方法依然在各个领域广泛应用。

# 二、大数据的历史背景

## 小数据的失败

数据分析这种办法许多人都用过，效果却各有差别。同样是数据挖掘，很多案例显得很成功，而失败的例子也不少。历史上，庞涓也是一个足智多谋的将领，但最终他的数据分析让他在孙膑面前一败涂地。这又是怎么回事呢？

庞涓和孙膑都是战国时期著名人物鬼谷子的学生。相传鬼谷子学问渊博，见解高超，兵书战策无不通晓，对星象相术极有研究，庞涓和孙膑都在他那里学到了不少东西。后来，自觉学成的庞涓下山后在魏国当上将军，不料魏王得知孙膑的才能，让庞涓请孙膑下山一同辅佐他。

心胸狭窄的庞涓知道自己才能远在孙膑之下，于是在请孙膑来魏国之后，设下毒计陷害孙膑，让魏王相信孙膑私通齐国，结果使孙膑沦为阶下囚，还身受髌足之刑。最后，孙膑靠装疯卖傻和一系列计策脱身到了齐国，以自己卓越的军事才能大败庞涓，并将庞涓乱箭射死。

在最后一战里，庞涓率兵攻打韩国，弱小的韩国向齐国求救。齐王采纳了孙膑的建议："深结韩之亲，而晚承魏之弊。"意思就是首先向韩表示必定出兵相救，促使韩国竭力抗魏。当韩处于危亡之际，再发兵救援，从而"尊名""重利"一举两得。韩国得到齐国的允诺后，人心振奋，竭尽全力抵抗魏军进攻，虽然是五战皆败，但也让魏国军队吃亏不少。韩国再次向齐国告急，齐王看准时机，派出大军援助，孙膑则担任军师，居中调度。魏国本来胜利在望，结果遇到齐国来救援，庞涓一生气，决定暂时放过韩国，转身来打齐国军队。庞涓带着10万军队气势汹汹地扑向齐军，企图同齐军一决胜负。

那时的魏国军队是非常强大的，无论是军队规模还是单兵作战能力都强于齐国，连荀子都说过：“齐之技击不可遇魏之武卒。”面对强敌，孙膑胸有成竹，针对魏兵强悍善战，素来蔑视齐军的实际情况，判断魏军一定会骄傲轻敌、急于求战、轻兵冒进。很显然，孙膑对庞涓是很了解的。在认真研究了战场地形条件之后，孙膑定下减灶诱敌，设伏聚歼的作战方针。

战争的进程完全按照齐军的计划展开。齐军与魏军刚一接触，就立即佯败后撤。为了诱使魏军进行追击，齐军按孙膑预先的部署，施展了“减灶”的高招，第一天挖了10万人煮饭用的灶，第二天减少为5万灶，第三天又减少为3万灶，制造在魏军追击下齐军士卒大批逃亡的假象。不知情的庞涓似乎很喜欢进行数据分析，根据灶的数目，他自然认为齐军已经少得不堪一击。

接连3天追下来以后，根据灶数的数据分析结果，庞涓认为形势对已方越来越有利。庞涓认定齐军斗志涣散，士卒逃亡过半，于是丢下步兵和辎重，只带着一部分精锐骑兵，昼夜兼程追赶齐军。

孙膑根据魏军的行动，判断魏军将于日落后进至马陵一带。马陵一带道路狭窄，树木茂盛，地势险阻，实在是打伏击战的绝好处所。于是孙膑利用这一有利地形，选择齐军中一万名善射的弓箭手埋伏于道路两侧，规定到夜里以火光为号，一齐放箭，并让人把路旁一棵大树的皮剥掉，在上面书写“庞涓死于此树之下”字样。

最后，被数据分析结果误导的庞涓果真中计，在大树下被乱箭射杀。不知道他死的时候有没有明白到底是哪一步搞错了。

庞涓的失败在于数据量太小和分析方法太过粗略。仅分析一个样本太小的数据，得来的结果很可能是有问题的；而分析方法不够好，好的数据也得不出好的结果。如果庞涓不仅知道齐军的灶数，还有能力得到齐军每天粮食消耗量、营帐多少、伤亡数目、士气状况等，或者庞涓就能根据其他数据识破孙膑的减灶计谋，而历史可能就完全改写了。

## 大瘟疫的统计

“摇一摇玫瑰花苞，
这塞满小花的荷包。
阿嚏！
阿嚏！
我们就被放倒。”

这是一首曾经在英国广为传唱的曲调欢快的儿歌，描写的却不是快乐的事情，而是一个人感染了可怕瘟疫后的情景。这是比前面所说的霍乱更早的一次瘟疫。从1485年到1665年，英国灰色的天空下瘟疫不断，死亡成了挥不去的记忆，在这样的歌谣中流传。

歌谣里提到的“玫瑰花苞”指的是染上瘟疫的人身上冒出来的斑点状的东西。这种疾病会使人的呼吸系统出现强烈反应，导致喷嚏之声不断。很多人认为香草的气味能够净化瘟疫的恶浊空气，可是，那些被疾病放倒了的人再也没能站起身来。当黑死病风卷残云般从欧洲退去之后，英国平静了一个多世纪，然而在1485年到1665年这段伦敦大瘟疫猖獗的日子里，英国一直生活在瘟疫的梦魇里。从这首儿歌中，我们还能够依稀感觉到当年残存的噩梦的记忆。在将近200年的时间里，可怕的瘟疫笼罩在英国上空，主宰着英国人的生活，久久不散。

一说到英国作家笛福，大家肯定都知道他的著名作品《鲁滨孙漂流记》，其实笛福还创作了很多其他作品，只是没有《鲁滨孙漂流记》有名罢了。笛福有一本纪实小说叫作《瘟疫年纪事》，这本书里用大量的笔墨描写了1665年伦敦发生的可怕的鼠疫场景。

历史画家丽塔·格里尔的作品《伦敦大瘟疫》便描绘了大瘟疫时期伦敦街头的惨状。在死亡的阴影下，人们或被强制隔离，或恐慌疯狂，

伦敦大瘟疫（丽塔·格里尔）

或麻木等死。这是英国本土最后一次大型的鼠疫传播，此前在1636年及1625年发生过的两次则分别夺去了1万和3.5万人的生命。当时英国的鼠疫被认为是由荷兰带入的，因为荷兰从1599年起就多次出现鼠疫疫情，最初进入英国的病源很可能便是那些从阿姆斯特丹开出的运送棉花的商船，而阿姆斯特丹本身在1663年至1664年亦同样受鼠疫蹂躏，死亡民众不少于5万人。

作家托马斯·维森特在《城市中上帝的可怕之声》中也曾作了这样的描述："秋天到来时，人们就像那落叶一样，被可怕的风所摇撼着，随风倒下去，如落叶一样越积越厚。商店的门关了，路上的行人消失了……几乎每一处都是沉寂……没有马的嘶鸣，没有车辆的行踪，没有物品的供应，也没有顾客的喊叫声……从来没有如此之多的丈夫和妻子共赴黄泉，从来没有这么多的父母携带着孩子一起踏上死亡之路。"

在这个人人恐慌，连医生都大量逃出伦敦以躲避瘟疫的年代，有一个名不见经传的伦敦市民约翰·格兰特做了一件事情。这件事情在当时看来也许没有太多意义，但现在，伦敦大学医学院儿童健康研究所的菲利浦·比尔斯教授对此非常赞赏，他将格兰特称为“300年前居住在伦敦的非凡人物”。那时的格兰特非常想搞清楚这场直到今天也没搞清楚起因的可怕瘟疫到底是怎么回事，而他采取的方法和其他人完全不同。一开始，格兰特开始在教区的死亡记录中搜寻线索，也就是死亡统计表。

格兰特在《可怕的天谴》一书中对1665年这一年中每周的死亡人数作了详细统计。这本书里共有55张统计表，其中记录了各种死亡原因、男女比例、各个堂区的具体死亡人数、死于疫病的人数，等等。从1665年10月14日到21日，一周内发生疫情的社区有99个，各类死亡人数共1359人。其中，死于鼠疫的有1050人，约占这周死亡总人数的77.3%。从1519年开始，伦敦下属的堂区开始统计死亡人数。从1538年开始，堂区又有了出生、结婚、死亡的堂区登记表。将两者进行对比，我们便可以得出鼠疫死亡人数的较为准确的情况。据此，现代学者们统计出的结果表明，从1563年到1625年，伦敦因鼠疫而死亡的人数是相当惊人的。

**格兰特死亡统计表**

| 年份 | 死亡人数 | 鼠疫死亡人数 | 伦敦人口 | 死亡率 |
|---|---|---|---|---|
| 1563 | 20372 | 17404 | 85000 | 24.0% |
| 1593 | 17893 | 10675 | 125000 | 14.3% |
| 1603 | 31861 | 25045 | 141000 | 22.6% |
| 1625 | 41312 | 26350 | 206000 | 20.1% |

死亡统计表基本上就是随机的一组组信息，而格兰特将其归纳整理并在其中找到了规律，他意识到这些信息简直就是个大宝藏。格兰特想知道谁是死于瘟疫而谁又是死于其他原因，他将所有的死亡记录汇编在一起，而这些统计数据让他发现了别人没有发现的规律。后来他将自己的成果整理成书，留传至今。在他的书里，他列出了一系列死亡原因，并将其归类整理，现在的我们如果对这场瘟疫感兴趣，可以翻开这本

书，找到当时人们的死因。比如，在1632年，38人死于淋巴结核病，一人因被疯狗咬伤死亡，另有12人死于法国花柳病，也就是今天所说的梅毒。而在瘟疫受害者的数据中，格兰特发现了隐藏的规律，这一发现颠覆了当时人们对于疫病起因的观念。直到今天，他在书中整理和分析的这些数据对于医学也有极其重要的价值。

当时，很多人都错误地认为瘟疫是由人与人接触而传播的，还有不少人迷信地认为新国王登基那一年往往会出现瘟疫，总之，各种说法层出不穷。格兰特通过数据分析逐一反驳了这些错误说法。他对数据研究得越多，就发现了越多隐藏的规律，而人们也通过他的数据分析开始从全新的角度观察伦敦城。格兰特第一个通过科学办法估算出了伦敦总人口，证明了男婴的出生率要高于女婴，而更高的男性死亡率又使性别比例很快恢复了平衡……他告诉世人可以通过挖掘数据得到惊人而实用的想法，只要你使用了正确的方式去挖掘。他的研究彻底改变了人们对于信息的观念，并革新了提取有用数据的方法。格兰特算得上是数据分析领域的先驱者，后人都将他视为统计学流行病学的奠基人，而将1663年约翰·格兰特根据死亡率统计表编订出版的《自然与政治观察》一书视为统计学诞生的标志。

也许你会好奇，同时期的其他人又是如何对待瘟疫的呢？人们在极度恐惧之下想出了各种方法，使用通便剂、催吐剂、放血、烟熏房间、烧灼淋巴肿块并在其上放置干蛤蟆，或者用尿洗澡，甚至通过医生凝视患者来“捉住”疾病，等等。当这些都不能奏效时，深受中世纪宗教思想影响的人们便把瘟疫的原因视为上帝对原罪和不忠的惩罚，结果导致基督教大忏悔和宗教改革。然而，宗教狂热并没有把人们从鼠疫的魔爪中解救出来。没有人像格兰特这样，想到通过死亡数据找到瘟疫特征的方法。

格兰特利用数据分析找到瘟疫的规律，这一点和现代计算机学家对待大数据的态度是一样的。数据是一个金矿，却需要通过合理的方法来进行挖掘才能产生巨大的财富。现在人们也常常把数据分析叫作数据挖掘，就是这个缘故。

如今，格兰特的粉丝菲利浦·比尔斯教授要采取相似的方式挖掘新的人类数据组，就是构成人类基因图谱的30亿个基因位点信息。他在我们的DNA中寻找有助于诊断并治疗疾病的线索。

杰克·皮克特是他的一位病人，14年以来杰克饱受异常症状的困扰，包括学习障碍、肥胖症还有视力不佳等。这些症状一直找不到原因，这令杰克的父母和医生们感到很困惑。在杰克出生十几年后，这件事情终于有了转机。现在，比尔斯教授借助所掌握的技术帮杰克和他的家人解开了这个谜团。他认真研究了杰克的DNA，从中寻找任何微小的基因变异迹象，最终找到了导致这些症状的变异基因。

比尔斯教授表示，像这样的例子不算少，每位被分析过的患者的基因都会被添加到日益增加的DNA数据库中，以此帮助医生们制定新的治疗方法，并确诊以前难以理解的症状。过去的10年里，这项技术已成功揭露了许多疾病的基因根源。鉴别出疾病常常是帮助患者的第一步。对于患者来说，多年无法确诊令他们生活在不确定性中，因此不能低估诊断的好处和重要性。通过分子学检测，至少能让患者知道自己的身体到底出了什么问题，到底能不能进行治疗。搞清楚问题本身就是一种安慰，也是某种意义上的了断，能让他们甩开过去的包袱，无负担地向生活的下一章节迈进。

隐藏在人类数据组中的规律，正在改变整个医学界。数据分析逐渐被更多人使用，成为一种无比强大的工具，一种通往科学见解与理解人类行为的新途径。

## 小数据的局限

如果你是一家笔记本电脑销售门店的主管，哪些方法可以帮助提高销售额呢？有许多专家、专业人士会给出建议，比如提高库存管理的能力、为员工提供更多的专业培训、做更新更炫的广告，或者搞一些促销活动。这些方式当然都会很有效，多方面的统计数字显示，这样的方法大致能提高2%～9%左右的销售额。

但是，历来讲究创新的苹果公司并没有这么做。苹果公司将门店中所有能够收集到的数据，不管看不上去是不是有关联，全都录入了软件，然后发现了一个惊人的现象：电脑屏幕和桌子呈70度角左右的电脑销售量比其他电脑高出15%，而这比其他任何经验式的建议更有效。这是为什么呢？因为当我们走到一个70度角的电脑前，会觉得反光非常不舒服，而当人觉得电脑屏幕反光不舒服，自然而然地会伸手去扳动屏幕。心理学理论告诉我们，一旦潜在客户与货物发生了直接接触，他购

苹果专卖店

买这个商品的可能性就上升了15%。

这个例子对我们有何启示呢？我们的经验真的是正确的吗？我们的知识真的对我们的工作有帮助吗？我们认为很重要的东西真的那么重要吗？

在这个案例里，人们传统的经验完败于计算机的数据分析，我们对知识和经验的自信看起来很可笑。

也许有人说，员工个人的建议或者专家、专业人士的建议毕竟都来自个人，如果我们去做问卷调查，详细了解消费者的真实需求，便能够有的放矢，找到宣传推广的好方法，从而提高消费额。可是，问卷调查到底能够多大程度上反映出真实情况呢？我们肯定都或多或少地接触过问卷调查这种方法，但是对于问卷调查的结果，我们又有多少信心呢？

斯坦福大学教育评估专家哈代教授曾经做过这样一个有趣的小实验，他关注的内容是不同国家师生在做量表与问卷时的“F值”。F值指的是被试者填写问卷时出现的掩饰倾向。结果发现，中国学生的F值比美国和以色列学生分别高出23.4%与27.6%。而中国教师的这一倾向更为明显，达到36.5%与41.4%。在中国的文化环境下，师生更容易认为一个量表和问卷是用来评判自己的，从而倾向于掩饰自己的真实想法。所以如果想获得真实、客观的数据，问卷并非是个好办法。

另一种情况是，即使学生想提供真实的信息，有时也无能为力。比如调研学生课外运动的时间，人们最通常的做法是设计一个问卷，问“本学期平均每周参加课外运动的时间：A. 1小时以下，B. 1 ~ 1.5小时，C. 1.5 ~ 2小时，D. 2小时以上”，且不论选项的设计是否能体现区分度，我们自己又能否比较准确地估算出自己一个学期里平均每周参加多少运动呢？

还有一种情况，如果我们要在网络上做一个有关房地产调查的问卷或投票，作为报酬，每个被调查者会获得一款时尚运动手表，你认为这个问卷的结果能真实反映出中国人对房地产的态度吗？肯定不能，因为大多数喜欢时尚运动手表的人都是30岁以内的年轻男性，接受问卷调查的群体与设计问卷调查的人设想的群体并不一致。

此外，即使一个调查问卷能够考虑到以上所有因素，但由于问卷通常只是抽样调查而不是全体调查，抽样的代表性也是一个问题。比如我们要调查一个社区的所有居民对社区环境的看法，社区有1000名居民，其中18岁以下200人，18～60岁600人，60岁以上200人，且男女各半。我们调查时选择了100个人，其中18岁以下20人，18～60岁60人，60岁以上20人，且男女各半。除此之外，选择被调查对象时还充分考虑了他们的居住位置、学历、工作性质等因素。这个调查已经做到这么精细了，那么这100个被调查对象的看法能不能准确代表1000名居民的意见呢？这还是不一定的。两个人即便年龄层次相同、性别相同、受教育程度相同、工作性质相同、居住位置差不多，他们对某个事物的看法也不一定一致。当样本量不够大时，设计再精妙的问卷也不能保证获得真实准确的看法。

这些问题都说明，我们经常使用的问卷调查方法是有很大局限的。那么，我们要怎么样才能获得真实的结果呢？在之后的章节里，我们会谈到人们在这方面的诸多探索。

# 三、互联网的新时代

## 复杂计算的烦恼

远古的人们用石头来计算捕获的猎物，石头就是他们的计算工具。随着人们社会活动的增加、文明程度的提高，人们需要解决很多计算问题。比如食物太多如何分配，这对于早期的人类来说真是一个甜蜜的烦恼。当仅仅靠大脑来计算会存在错误多和效率低的问题时，人们开始借助一些工具来进行比较复杂的计算。而“计算机”也就跟随着人类甜蜜的烦恼出现了。

著名的科幻文学大师阿西莫夫说过，人类最早的计算工具是手指，英语单词“digit”既表示“手指”又表示“整数数字”。而古代的中国人常用“结绳”来帮助记事，“结绳”当然也可以充当计算工具。除此之外，石头、手指、绳子、贝壳等都曾是古人用过的“计算机”。

很凑巧的是，不知道从什么时候开始，很多不同文明地区的人们都想到使用算筹一类的工具来改进计算，其中要数中国的算筹最有名气。商周时代问世的算筹，实际上是一种竹制、木制或骨制的小棍。古人在地面或盘子里反复摆弄这些小棍，通过移动来进行计算，由此出现了“运筹”这个词，运筹就是计算，后来才派生出“筹划”的词义。中国古代科学家祖冲之最先算出圆周率小数点后的第六位，使用的工具正是算筹，这个结果即使用笔算也很不容易求得。

欧洲人发明的算筹与中国的不尽相同，他们的算筹是根据“格子乘法”的原理制成的。例如要计算1248×456，可以先画一个矩形，然后把它分成3×2个小格子，在小格子边依次写下乘数、被乘数的各位数字，再用对角线把小格子一分为二，分别记录上述各位数字相应乘积的十位数与个位数。把这些乘积由右到左，沿斜线方向相加，最后得到乘积。1617年，英国数学家纳皮尔把格子乘法表中可能出现的结果印刻在一些狭长条的算筹上，利用算筹的摆放来进行乘、除或其他运算。纳皮尔算筹在很长一段时间里是欧洲人主要的计算工具。不过，算筹在使用中一旦遇到复杂运算常弄得繁杂混乱，让人感到不便，于是中国人又发明了一种新式的“计算机”。

中国算盘

著名作家谢尔顿在他的小说《假如明天来临》里讲过一个故事：骗子杰夫向经销商兜售一种袖珍计算机，说它“价格低廉，绝无故障，节约能源，10年中无须任何保养”。当商人打开包装盒一看，这台“计算机”原来是一把来自中国的算盘。世界文明的四大发源地——黄河流域、印度河流域、尼罗河流域和幼发拉底河流域——先后都出现过不同形式的算盘，只有中国的珠算盘一直沿用至今。珠算盘最早可能萌芽于汉代，定型于南北朝。它利用进位制记数，通过拨动算珠进行运算：上珠每珠当五，下珠每珠当一，每一档可当作一个数位。打算盘必须记住一套口诀，口诀相当于算盘的“软件”。算盘本身还可以存储数字，使用起来的确很方便，它帮助中国古代数学家取得了不少重大的科技成果，在人类计算工具史上具有重要的地位。

15世纪以后，随着天文、航海的发展，人们在工作中遇到的计算任务日趋繁重，迫切需要探求新的计算方法并改进计算工具。

1630年，英国数学家奥特雷德使用当时流行的对数刻度尺做乘法运算，突然萌生了一个念头：如果采用两根相互滑动的对数刻度尺，不就可以省得用两脚规度量长度吗？他的这个设想最后直接启发了“机械化”计算尺的诞生。不过，奥特雷德是一名理论数学家，对这个小小的计算尺的设想并不在意，也没有打算让它流传于世。之后的200年，他的这项发明一直没有得到实际运用。18世纪末，以发明蒸汽机闻名于世的瓦特成功地制出第一把名副其实的计算尺。瓦特原来就是一位仪表匠，他的蒸汽机工厂投产后，需要迅速计算蒸汽机的功率和气缸体积。瓦特设计的计算尺在尺座上多了一个滑标，用来“存储”计算的中间结果，这种滑标在很长时间里一直被后人所沿用。

1850年以后，对数计算尺迅速发展，成了工程师们必不可少的随身携带的“计算机”。直到20世纪五六十年代，对数计算尺仍然是工科大学生身份的一种标志。

## 从织布机到计算机

也许你看到标题后感到很奇怪，织布机和计算机有什么关系？是的，看上去它们一点儿也不像，可实际上它们之间的“血缘”关系超乎你的想象。无论是电脑桌上的台式计算机、客厅里的平板电脑还是塞在

织布机

口袋里的智能手机，这些都是1804年诞生的一台织布机的子子孙孙。想不到吧？

19世纪早期，法国里昂的丝织工人们就已经能够使用一种老式的手工提花机编织出图案非常复杂绚丽的丝绸锦缎。可是，这种老式手工提花机质量低劣、效率低下，它需要有人站在上面，费力地一根一根地将丝线提起、放下、再提起、再放下……这样才能织出精细绚丽的丝绸。丝织工人们都像操纵牵线木偶的演员一样，劳动非常单调乏味而且辛苦劳累。

1804年雅卡尔发明了雅卡尔织布机，这种烦琐的劳动也随着发生了改变。这种革命性的织布机利用预先打孔的卡片来控制织物的编织式样，速度比老式手工提花机快了25倍，就好比从自行车到汽车的飞跃。雅卡尔的打孔卡片不只为丝织业带来革命，也为人类打开了一扇信息控制的大门。

1836年，雅卡尔去世两年后，计算机科学先驱、著名的英国科学家查尔斯·巴比奇使用木齿铁轮制造了一台计算机用来计算很多数学难题，并利用雅卡尔打孔卡片的原理为这台计算机编程。巴比奇提出了为计算机编程的思想，虽然他没有发明现代电子计算机，也没有创立任何一门编程语言，但他的这一理念启发了20世纪的计算机科学家。后来，人们将巴比奇称为计算机的鼻祖。

美国宪法要求每10年进行一次人口普查。这在1790年仅有不到400万人口的美国是比较容易做到的。但是一个世纪后，美国人口达到6300万。

1880年的一天，美国人口普查局的办公室里，一名叫赫尔曼·霍尔瑞斯的20岁年轻人正盯着那堆小山般的人口登记册发呆。那里面记录着前不久数以万计的普查员千辛万苦采集回来的人口数据，而要用效率低下的手摇计算器把这些数据分析完毕，至少要花费7年时间。这意味着几乎要到下一次人口普查时，美国民众才能得知这次人口普查的结果。

更让霍尔瑞斯沮丧的是，据他估算，1890年美国人口总数将在5000

万的基础上增加约1200万。如果还用老一套的办法统计，至少需要10年时间才能把所有数据全部搞定。

严峻的现实让霍尔瑞斯下定决心：必须进行改革，发明一种能高效完成繁重统计制表工作的机器！

经过很多对比研究后，霍尔瑞斯决定把法国机械师于19世纪初期设计的“杰卡德编织机”改造成一种能够读取卡片信息的制表机。6年后，霍尔瑞斯设计出了制表机，后来又对制表机作了不少改进。改进后的制表机得到美国国内各部门的纷纷采用。1889年，这种机器又在欧洲各地展出，好评如潮，由此进入欧洲市场。1890年，美国再次进行人口普查，有了霍尔瑞斯的制表机帮忙，这次普查的结果仅用两年半的时间就完成了，不仅比预定时间大大减少，还替政府节省了500多万美元。这次普查开启了数据处理自动化的时代，并让霍尔瑞斯的制表机大放异彩。

20世纪40年代，IBM公司开始制造计算机，计算机的时代到来了。不过那时候的计算机没有放弃类似于雅卡尔提花机上的那种打孔卡片，还在利用它编程。这种状况一直延续到20世纪80年代后期，打孔卡片最终被电子媒介——磁带和光盘所取代。

从历史发展的角度来看，可以说计算机是台复杂精密的高级织布机。当你使用计算机的时候，你和使用雅卡尔织布机的丝织工人没有本质区别，只不过你是在以光速做着编织工作。

## 电子时代到来

1936年，美国青年艾肯来哈佛大学攻读物理学博士学位。由于家庭贫困，他不得不以半工半读的方式艰难地读完高中。大学期间，他也是一边工作一边刻苦学习，毕业后谋到一份工程师的工作。36岁那年，他毅然辞去收入丰厚的职务，重新走进大学校门。由于博士论文的研究涉及空间电荷的传导理论，需要求解非常复杂的非线性微分方程，在进行烦琐的手工计算之余，艾肯很想找到一种机器代替人工求解的方法，幻想能有一台计算机帮助他解决数学难题。

3年之后，艾肯在图书馆里发现了作者名为巴比奇的一篇论文，这令他心摇旌动。艾肯想，以当时的科技水平，也许已经能够完成巴比奇未竟的事业，造出通用计算机。为此，他写了一篇《自动计算机的设想》的建议书，提出要用机电方式而不是用纯机械方法来构造新的“分析机”。然而，正在求学的读书人根本没有可能筹措到那么大的一笔经费。

取得博士学位的艾肯后来进入美国海军军械局，不过职位只是一名小小的中尉，还是没什么钱。“金钱不是万能的”，但是，对于艾肯实现计算机梦想来说，“没有钱是万万不能的”，否则只会重蹈巴比奇和阿达（巴比奇《分析机概论》的翻译者）的覆辙。年轻的海军中尉想到了制表机行业的IBM公司。

艾肯从他的一位老师口中得知IBM董事长沃森的大名，他的老师此时正在由IBM出资创办的哥伦比亚大学统计局里任职。听说艾肯的事情后，这位老师非常乐意地为学生写了封推荐信。艾肯通宵达旦地准备材料，拟好了一份详细的可行性报告，直接跑去找沃森。从老师的描述中他得知，沃森的作风从来就是独断专行，不设法说服此人，研制计算机的计划一准泡汤。

沃森

IBM的总部坐落在一幢古色古香的建设物里。沃森坐在宽大的写字台后，一言不发地听艾肯陈述。在他的背后，是整整齐齐摆满各种书籍的大书柜，书柜的上方贴着只有一个单词的格言——THINK，翻译成中文就是“思考”，这是沃森最为推崇的行动准则。

艾肯说完了该说的话，忐忑

不安地望着对面这位爱好“思考”的企业家。

“至少需要多少钱？”沃森开口询问道。“这个恐怕要投入数以万计吧，也许……”艾肯不敢大声说出那个数字。没想到，沃森摆了摆手，打断了艾肯的话头，拿起笔来，在报告上写了几笔。艾肯的心随着沃森的笔一同晃动着，心里想：“肯定没戏了。”沃森写完后把报告递给了艾肯，艾肯出于礼貌还是恭敬地用双手接了过来。他没抱希望地低头一瞅，顿时喜上眉梢——沃森的大笔一挥，批了100万美元！

有了IBM作为坚强后盾，新的计算机研制工作在哈佛物理楼后的一座红砖房里开始了，艾肯把它取名为“自动序列受控计算机”，一般直接叫它“马克1号”（Mark Ⅰ）。IBM又派来莱克、德菲和汉密尔顿等工程师组成攻关小组，对艾肯来说，这次研究可谓财源充足，兵强马壮。比起巴比奇和阿达，艾肯的境况实在要幸运得多。IBM也因此从生产制表机、肉铺磅秤、咖啡碾磨机等乱七八糟玩意的行业里，正式跨进计算机的“领地”。

艾肯设计的“马克1号”已经是一种电动的机器，它借助电流进行运算，最关键的部件用的是普通电话上的继电器。“马克1号”上大约安装了3000个继电器，每一个都有由弹簧支撑着的小铁棒通过电磁铁的吸引上下运动。吸合则接通电路，代表“1”；释放则断开电路，代表“0”。继电器“开关”能在大约1/100秒的时间内接通或是断开电流，当然比巴比奇的齿轮先进得多。

为“马克1号”编制计算程序的是一位女数学家，格雷斯·霍波。这位遐迩闻名的数学博士有一天在调试程序时发现了故障，拆开继电器后，发现有只飞蛾被夹扁在触点中间，从而“卡”住了机器的运行。于是，霍波诙谐地把程序故障统称为“bug（虫子）”，而这一奇怪的称呼后来成为计算机领域的专业行话，如DOS系统中的调试程序，程序名称就叫DEBUG。DEBUG也就是“DELETE BUG”的简称，直译过来就是“去除虫子”，这个名字一直沿用到现在。

1944年2月，“马克1号”计算机在哈佛大学正式运行。它看上去和现在的计算机没有一点儿相似的地方。它的外壳用钢和玻璃制成，长约15米，高约2.4米，重量达到31.5吨，是个身材像恐龙一样巨大的钢铁怪物。据说，艾肯和他的同事们在“马克1号”上装备了15万个元件和长达800千米的电线。这台机器跟现在哪怕一个科学计算器都没法比，但是在当时，它运行的速度已经是相当可观的了。人们觉得非常惊奇，因为这台计算机能进行每分钟200次以上的运算。它可以做23位数与23位数的加法，一次仅需要0.3秒；而进行同样位数的乘法，则需要6秒多的时间。“马克1号”运转时声音非常大，有的参观者形容它的声音时说：“就像是一群纺织女工在一间屋子里干活发出的声音一样。”也许你会联想到，“马克1号”计算机也与之前所说的织布机有天然的联系。“马克1号”代表着自法国大思想家帕斯卡以来，人类所制造的机械计算机或电动计算机最顶尖的水平，当时就被用来计算原子核裂变过程。它一直运行了15年，编出的数学用表我们至今还在使用。1946年，艾肯和霍波联袂发表文章说，这台机器能自动实现人们预先选定的系列运算，甚至可以求解微分方程。

至此，巴比奇的夙愿终于在“马克1号”身上得以实现。事隔多年后，担任大学教授的艾肯谈起巴比奇其人其事来，仍然惊叹不已，他不无感慨地说：“如果巴比奇晚生75年，我就会失业。”但是，“马克1号”是早期计算机的最后代表，从它投入运行的那一刻开始就已经过时，因为此时此刻，人类社会已经跨进电子的时代。

## “电脑”的由来

1946年2月14日在美国宾夕法尼亚大学电机学院的一个揭幕典礼上，所有人都在期盼着一睹世界上第一台多用途电子计算机“埃尼阿克”的风采。这个占地面积达170平方米、重达30吨的庞然大物为来宾表演了它的“绝招”——在1秒钟内进行了5000次加法运算，这比当时最快的继

“埃尼阿克”电子计算机

电器计算机的运算速度快1000多倍。这次完美的亮相使得来宾们惊叹不已。那时，承担开发任务的“莫尔小组”的4位科学家和工程师分别是埃克特、莫克利、戈尔斯坦、博克斯，而总工程师埃克特在当时年仅24岁。

“埃尼阿克”是真正的庞然大物。它长30.48米，宽1米，占地面积约170平方米，有30个操作台，相当于10间普通房间的大小，重达30吨，耗电量150千瓦，造价48万美元。它包含17000多个真空管，7200多个水晶二极管，1500多个中转，7万个电阻器，1万个电容器，1500个继电器，6000多个开关，每秒执行5000次加法或400次乘法，是继电器计算机的1000倍、手工计算的20万倍。

和现在的计算机不同，它是按照十进制而不是二进制来操作的。但其中也少量使用了以二进制方式工作的电子管，因此机器在工作中不得不把十进制转换为二进制，而在数据输入、输出时再变回十进制。“埃尼阿克”最初是为了进行弹道计算而设计的专用计算机，但后来通过改变插入控制板里的接线方式来解决各种不同的问题，成为一台通用机。它的一种改型机曾用于氢弹的研制。“埃尼阿克”程序采用外部插入式，每当进行一项新的计算时，要重新连接线路。有时几分钟或几十分钟的计算，要花几小时或1~2天的时间进行线路连接准备，这是一个致命的弱点。它的另一个弱点是存储量太小，至多只能存20个10位的十进制数。

研制电子计算机的想法产生于二战期间。当时激战正酣，各国的武器装备还很差，占主要地位的战略武器就是飞机和大炮，因此研制和开发新型大炮和导弹就显得十分必要和迫切。为此，美国陆军军械部在马里兰州的阿伯丁设立了“弹道研究实验室”。

美国军方要求该实验室每天为陆军炮弹部队提供6张火力表以便对导弹的研制进行技术鉴定。千万别小瞧了这区区6张火力表，它们所需的工作量大得惊人。事实上，每张火力表都要计算几百条弹道，而每条弹道的数学模型你知道是什么吗？一组非常复杂的非线性方程组。这些方程组是没有办法求出准确解的，因此只能用数值方法进行近似计算。

不过即使用数值方法近似求解也不是一件容易的事情。按当时的计算工具，实验室即使雇用200多名计算员加班加点工作也需要大约两个多月的时间才能算完一张火力表。在“时间就是胜利”的战争年代，这么慢的速度怎么能行呢？恐怕还没等先进的武器研制出来，败局已定。

为了改变这种不利的状况，当时任职宾夕法尼亚大学莫尔电机工程学院的莫克利于1942年提出试制第一台电子计算机的初始设想——“高速电子管计算装置的使用”，期望用电子管代替继电器以提高机器的计算速度。

美国军方得知这一设想，马上拨款大力支持，成立了一个以莫克利、埃克特为首的研制小组开始研制工作，预算经费为15万美元，这在当时是一笔巨款。要不是为了战争，谁能舍得出这么多的钱！虽说战争万恶，但未始不偶尔促进科技的发展。

让研制工作十分顺利的是，当时任弹道研究所顾问、正在参加美国第一颗原子弹研制工作的数学家冯·诺依曼带着原子弹研制过程中遇到的大量计算问题，在计算机研制过程中期加入研制小组。原本的“埃尼阿克”存在两个问题，即没有存储器且它用布线接板进行控制，甚至要搭接几天，计算速度也就被这一工作抵消了。1945年，冯·诺依曼和研制小组在共同讨论的基础上发表了一个全新的“存储程序通用电子计算机方案”，在此过程中他对计算机的许多关键性问题的解决做出了重要贡献，从而保证了计算机的顺利问世。

英国无线电工程师协会的蒙巴顿将军把“埃尼阿克”的出现誉为“诞生了一个电子的大脑”，“电脑”的名称由此流传开来。

虽然“埃尼阿克”体积庞大，耗电惊人，运算速度不过每秒几千次，但它比当时已有的计算装置要快1000倍，而且还有按事先编好的程序自动执行算术运算、逻辑运算和存储数据的功能。“埃尼阿克”宣告了一个新时代的开始，从此科学计算的大门被打开了。

## 全新的技术革命

1996年2月15日，在宾夕法尼亚大学隆重举行的“埃尼阿克”问世50周年纪念仪式上，时任美国副总统的戈尔再次按动这台已沉睡40年的庞大电子计算机的启动电钮。戈尔随后向当年参加“埃尼阿克”的研制，如今仍健在的科学家发表讲话：“我谨向当年研制这台计算机的先驱者们表示祝贺。”“埃尼阿克”上的两排灯以准确的节奏闪烁到46，标志着它于1946年问世，然后又闪烁到96，标志着计算机时代开始以来的50年。

到今天，“埃尼阿克”已经诞生60多年了。这60多年里，计算机的运算能力和用途都得到了极大的发展，过去人们根本无法想象的一些事情现在都已成为事实。让我们回顾一下计算机发展的几个关键时刻。

晶体管计算机：真空管计算机体积大、能耗高、故障多、价格贵，大大制约其普及应用。晶体管发明后，电子计算机找到了腾飞的起点。1947年贝尔实验室发明了晶体管，开辟了电子时代新纪元。1949年剑桥大学建成了一台存储程序的计算机，输入输出设备仍是纸带。1949年，人们预测未来的计算机“不会超过1.5吨”。在当时，这是一个非常大胆的预测。

集成电路：1958年，仙童公司的罗伯特·诺伊斯与德仪公司基尔比间隔数月分别发明了集成电路，开创了世界微电子学的历史。那时，随着科技的发展，各行业对计算机也产生了较大的需求，生产更轻便、更便宜的机器成了当务之急，而集成电路的发明正如及时雨，其高度的集成性不仅仅使计算机体积得以减小，更使其速度加快，故障减少。人们开始制造革命性的微处理器。计算机技术经过多年的积累，终于驶上了用硅铺就的高速公路。1959年到1964年间设计的计算机大量采用晶体管和印刷电路。计算机体积不断缩小，功能不断增强，出现大量应用软件。

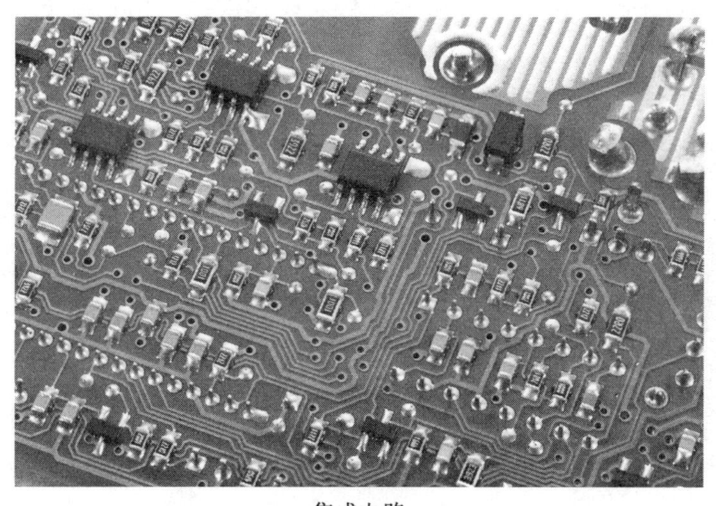

集成电路

1972年以后的计算机习惯上被称为“第四代计算机”。第四代计算机基于大规模集成电路及后来的超大规模集成电路，计算机功能更强，体积更小。1972年4月1日英特尔推出8008微处理器，同年阿帕网开始走向世界，因特网革命拉开序幕。

计算机技术渐入辉煌在这之前，计算机技术主要集中在大型机和小型机领域发展，但随着超大规模集成电路和微处理器技术的进步，计算机进入寻常百姓家的技术障碍已层层突破。特别是从英特尔发布其面向个人机的微处理器8080之后，这一浪潮便汹涌澎湃起来，同时也涌现出一大批信息时代的弄潮儿，如乔布斯、比尔·盖茨等，至今他们对计算机产业的发展还起着举足轻重的作用。

在此时段，互联网技术、多媒体技术也得到空前的发展，计算机真正开始改变人们的生活。而大数据的篇章，也就由此开始。

## 互联网的兴起

奥巴马

47岁、黑人后裔、毫无从政经验……这就是美国第一个“互联网总统”奥巴马。美国大选历来都是全球最激动人心的营销活动，而对互联网和搜索引擎的应用是奥巴马连续淘汰希拉里、麦凯恩等竞争对手的法宝之一。在整个竞选过程中，奥巴马近乎完美地利用了互联网的种种助推功能，为自己塑造了无比亲民的网络形象，筹得了超乎想象的巨额资金，更有力地在网络平台上给了对手重重的打击。不出各方意料，这位网络高手凯旋，同时也赢得了“互联网总统”的称号。

互联网到底是什么？似乎我们每个人都知道，我们上网的那个“网”就是互联网。可是互联网从哪里来，又对我们的生活产生了什么影响？20世纪，通信技术对人类社会所产生的巨大影响之一，就是利用通信技术把许多计算机联系在一起形成的因特网，即互联网。可以说，互联网的出现完全改变了我们的生活空间。

互联网是继电报、电话、无线电、电脑之后的一个伟大发明，全世界的电脑都能够通过互联网联系起来，进行通讯或分享讯息资源。无线电话加上互联网，是整个地球的主要通讯工具。互联网是世界上最大的电子计算机网络，它的形成使计算机不但能处理信息，而且可以获得信息和传递信息，其迅速发展对全球政治、经济、文化等领域具有深远的影响。互联网被认为是全球“信息高速公路”的雏形或前身。

互联网的来源地是美国，而追溯美国互联网的起源，可以从1957年苏联抢先用火箭发射第一颗人造地球卫星“斯普特尼克1号”说起。那时苏联抢在美国之前发射人造地球卫星，使美国政府大受刺激，全面检讨国家的科学技术政策和教育，以便奋起直追。当时美国总统艾森豪威尔决定设立一个用来发展科学技术的机构，叫作ARPA（阿帕）。就是这个机构后来提供经费设立了最早的互联网，即“阿帕网”。

互联网发展成世界性的特大网络，原本是用来帮助各大学之间交换科学研究信息，但后来大家更感兴趣的是它的电邮功能。就是说，大家更感兴趣的是利用互联网传送各种各样的信息，包括私人的信息。早在互联网只能传送文字信息的时候，有机会接触互联网的人就用它来讨论各种各样的问题，而现在必不可少的操作系统，就是在那个时候由散居世界各地的电脑编程人员通过互联网进行讨论和交流自己的研究成果，而逐渐形成的。

后来在互联网中产生具有多媒体功能的万维网，本来其目的是让世界各地的核子物理学家能够分享欧洲粒子物理研究所的研究资料。结果对万维网最感兴趣的是互联网的普通用户，而这个时候个人电脑的功能越来越强大，价钱便宜的已具有多媒体的功能，就是说大家已有条件使用万维网了。因此，万维网的用户越来越多，他们可通过电话线以计时的方式接驳到互联网。

互联网把每个人桌面上的计算机连接起来，改变了人们的生活，成为大家获取各类数据的首要渠道，在发展远程教育、人际交流和计算机开发等方面发挥着巨大的作用，多媒体与网络结合实现交互式传播，进而引起新的传媒革命。互联网的出现也引发了许多新生事物，如网上婚姻、网上购物、网上大学等。

黑人、互联网、墨西哥裔、摩门教徒……这些都是这届美国总统大选的关键词。这些关键词过去和“总统”这个名号似乎难以扯上关系，然而这一次都得到了粉墨登场的机会，第一次站在了聚光灯下。大浪淘沙，流光散尽，当总统大选最终尘埃落定时，最后只剩下了两个关键词：黑人和互联网。这两个关键词都属于同一个人，他就是奥巴马。

奥巴马最终在大选中胜出，祝贺他成为新一届美国总统的欢呼声中，有很多网民，有很多互联网从业人士。因为，奥巴马的胜利，也是互联网的胜利。

据说日本很多商界巨头傲立商场靠的是一本《三国演义》，而奥巴马这一次竞选战役的胜利，靠的也是一本名著。奥巴马至少读了5遍同胞克里斯·安德森那本著名的《长尾理论》。长尾理论，正是互联网时代最有影响的一个理论。

在长尾理论的指导下，奥巴马也给自己弄了一条“长长的尾巴”：他建立了一个美国政界见所未见的筹款机制，同时吸引了“大户”和“散户”、想给钱的人和想筹钱的人、经验丰富的老手和首次关注大选的新鲜人，还有任何能上网的人——有电脑、手机的人。美国的选举是“市场民主”的金钱游戏，没有钱是无法参加竞选的。奥巴马仅在2月份一个月就筹到5500万美元，打破之前的纪录，其中4500万美元来自网络，而奥巴马本人甚至一次也没出席过募捐会议，钱就这样滚滚而来，不可阻挡。超过10万人捐钱给奥巴马参加总统选举，其中5万人是通过互联网捐款。2月份奥巴马阵营报告说，奥巴马94%的捐款由200美元或更少的捐赠构成，希拉里这一比例为26%，麦凯恩为13%。整个3月份，有1276000人为奥巴马捐款，奥巴马阵营每个月都忙着统计不断增加的捐款数额。

《纽约时报》曾经给这个事件盖棺论定，定义为“Web2.0时代的美国大选”。可惜《纽约时报》只谈到Youtube、Facebook等对选举进程造成的影响，却从未提到那条长尾巴的实质。

从某种意义上说，奥巴马的胜利是互联网的胜利，是长尾理论的胜利，是一种全新的信息体系带来的变革胜利。奥巴马的一个平民支持者曾经制作过一段视频《不同的选举》（Vote different），它采用的是奥威尔小说《1984》的背景。自从3月上传以来，这段74秒的视频获得了上千万的点击。在谈到这段视频的影响时，《华盛顿邮报》的专栏作家豪尔德·库尔特一针见血地说：“网络时代，一个稍懂技术的平民，就能让政客们学富五车的顾问自愧不如。”

# 第二章　掀开大数据的面纱

在计算机走进千家万户后，人们开始进入信息时代。在智能手机、平板电脑几乎人手一部之后，各种智能设备带着形形色色的功能不断地产生大量数据，我们从信息时代逐渐走入大数据时代。大数据时代有着自己鲜明的特征，我们在考虑解决一些问题时，只有从习以为常的小数据时代的思维里跳出来，才能找到快速便捷的解决之道。

# 四、大数据闪亮登场

## 数据激增

2003年，刚进大学的小徐还没有自己的电脑，他省吃俭用花700元买了一个不知名品牌的MP3播放器，容量为128M。拿到MP3播放器后他非常欣喜，因为这个MP3播放器能存储大约50首普通压缩率的MP3歌曲，还能当软盘用。而他之前一直使用3.5寸的软盘来存储数据，一张软盘的容量仅为1.44M。之前他用来听歌的设备是一台索尼随身听，要听新歌只能花钱买磁带，每盘磁带大约30元，只能存储10首歌，而且没法自己挑选想要听的歌。

2013年，小徐已经参加工作多年，他平时使用智能手机听歌上网，使用平板电脑玩游戏、购物、看电影，家里的笔记本电脑已经用得越来越少了。可是，最近他想买一个移动硬盘来存储高清电影，他在网上浏览很久，最后花700元买了一个2T的移动硬盘。这个2T的移动硬盘大约能存储1000部高清电影，如果用来存储普通压缩率的MP3歌曲，大约能存储80万首。

不考虑货币购买力变化及产品功能等问题，只考虑数据容量，同样是700元，2013年购买到的容量是2003年的16000倍。可是，小徐还是觉得容量不够用，这10年里到底是哪里出了问题呢?

答案是，大数据。

大数据时代已经悄然来临。不仅是小徐，几乎所有的个人、企业、政府都已经觉得原来购买的存储设备容量不够用。随着社交网络的逐渐成熟，移动带宽迅速提升，云计算、物联网应用更加丰富。更多的传感设备、移动终端接入网络，由此产生的数据及数据增长速度迅速攀升。

一项调查发现，九成企业的数据量在迅速上涨，其中16%企业的数据量每年增长一半甚至更多。调研机构IDC在2011年6月的报告显示，全球数据量在2011年已达到1.8ZB，在5年里增加了5倍。1.8ZB是什么样的概念呢？如果把所有这些数据都刻录存入普通DVD光盘里，光盘的高度将等同于从地球到月球的一个半来回，也就是大约72万英里。相当于每位美国人每分钟写3条推特，而且还要不停地写2.6976万年。是不是很恐怖？这还不是最恐怖的，IDC预测全球数据量大约每两年翻一番，2015年全球数据量将达到近8ZB，到2020年，全球将达到35ZB。

所谓大数据最直白的理解是海量数据，通常用来形容一个公司创造的大量非结构化和半结构化数据。

北京时间2012年3月29日，美国政府宣布“大数据研究和发展倡议”来推进从大量的、复杂的数据集合中获取知识和洞见的能力。该倡议涉及联邦政府的多个部门。这些部门承诺投资总共超过两亿美元来大力推动和改善与大数据相关的收集、组织和分析工具及技术。此外，这份倡议中还透露了多项正在进行中的联邦政府各部门的大数据计划。

其实，最早提出大数据时代已经到来的机构是全球知名咨询公司麦肯锡。麦肯锡在研究报告中指出，数据已经渗透到每一个行业和业务职能领域，逐渐成为重要的生产因素；而人们对于海量数据的运用将预示着新一波生产率增长和消费者盈余浪潮的到来。

麦肯锡的报告发布后，大数据迅速成为计算机行业的热门概念，也引起了金融界的高度关注。随着互联网技术的不断发展，数据本身是资产，这一点在业界已经形成共识。如果说云计算为数据资产提供了保管、访问的场所和渠道，那么如何盘活数据资产使其为国家治理、企业决策乃至个人生活服务，则是大数据的核心议题，也是云计算内在的灵魂和必然的升级方向。

事实上，全球互联网巨头都已意识到大数据时代数据的重要意义。

包括EMC、惠普、IBM、微软在内的全球IT巨头纷纷通过收购大数据相关厂商来实现技术整合，这足以看出它们对大数据的重视。

## 数据大小怎么算

说起阿基米得，大家肯定不陌生。他是古希腊伟大的哲学家、数学家、物理学家，其留传于世的数学著作有十余部。传说他曾经与某位国王一起下棋。国王觉得只是单纯下棋太没意思，不够刺激，于是想赌点什么，阿基米得也同意了。阿基米得提议的赌法是：如果阿基米得下棋输了，就给国王当一辈子长工；如果国王输了，就得在下棋的64个格子里放上米粒。米粒的放法是：第一个格子1粒，第二个格子2粒，第三个格子4粒，第四个格子8粒……每往后一个格子，米粒就增加一倍。国王心想，这赌注太值得了，赢了可以让阿基米得当一辈子长工，输了也就输那么一点儿米粒，于是很爽快地答应了。国王害怕阿基米得反悔，专门找来了纸张和笔，和阿基米得正式地签下了对赌协议。

一盘下来，阿基米得胜出。国王愿赌服输，大手一挥，吩咐手下去准备米粒。手下的人赶紧拿来一个米袋，开始给阿基米得数米粒。很快，一袋子米空了。手下又拿来几袋子，这次空得更快。国王沉不住气了，他完全没想到这小小的棋盘计算出来的数字竟然这么大。阿基米得微笑着看着，似乎一切都在预料之中。国王找来一个精通数学的大臣，让他计算一下还差多少。大臣一听说这个赌法，脸都吓白了。

这个赌局最后是怎么收场的，我们无从知晓，不过国王肯定是支付不了那么多米的。我们不妨粗略估计一下国王到底要给阿基米得多少米。棋盘一共有64个格子，所以阿基米得一共会获得$1+2+4+8+16+\cdots+2^{63}$粒米，合计（$2^{64}-1$）粒。$2^{10}=1024$，为了便于估算，这里仅仅算作1000。$2^{64}$可以看作是（$2^{10}$）$^{6}\times 2^{4}=1.6\times 10^{19}$。假如我们把中国人口算作16亿人，阿基米得得到的米粒足够给每个中国人发$10^{10}$粒。一粒米大约

0.02克，所以每个人大约可以获得2万千克也就是4万斤米。够震惊吧？要知道，这里的数字还是往小了估算的。

这个数字在那个年代是绝对的大数字。而这样的数字，在大数据时代，可以说是司空见惯的了。大家可能接触比较多的是各类电子文档和影音资料，比如一个10万字的TXT文档大约200K，一首未经过压缩的APE格式歌曲大约30M，一张CD的容量大约为700M，一张普通DVD的容量大约为4.3G……关于KB、M、G这些表示文件大小的单位，我们一般比较熟悉。可是，你听说过T、P、E、Z、Y、D、N等单位吗？

这些单位我们不常遇到，但是在大数据里十分常见。大数据又叫海量数据，光从名字看就知道数据的规模之大了。现在，个人、企业、政府手中的数据都处于井喷期，不断地大量爆发着。由于这些数据量是如此之大，已经不是以我们所熟知的多少G（1G=1000M，即$2^{30}$Byte）和T（约1000 G）为单位来衡量，而是以P（约1000 T）、E（约100万 T）或Z（约10亿T）为计量单位的。

各种存储设备

那么，这些单位之间存在什么关系呢？它们之间如何换算呢？

在十进制的世界里，人们用以记录数据的数字符号有10个，分别是从0到9，数数的方式是0、1、2、3、4、5、6、7、8、9、10……而在计算机里，使用的是二进制，记录数据的符号只有0和1，数数的方式是0、1、10、11、100、101、110、111、1000……二进制数系统中，每个0或1就是一个位（bit），8 bit为1 Byte，称为1字节。字节是计算机文件大小的基本计算单位。一个英文字母占用一个字节，一个汉字占用两个字节。

按照从小到大的顺序，单位分别为：bit（比特）、Byte（字节）、KB（千字节）、MB（兆字节）、GB、TB、PB、EB、ZB、YB、DB、NB。从KB到NB，人们习惯省略后面的“B”而直接用“多少K”或“多少N”这样的说法。

它们按照进率1024（即$2^{10}$）来计算：

1Byte = 8 bit

1 KB = 1024 Bytes

1 MB = 1024 KB = 1048576 Bytes

1 GB = 1024 MB = 1048576 KB = 1073741824 Bytes

1 TB = 1024 GB = 1048576 MB = 1073741824 KB = 1099511627776 Bytes

1 PB = 1024 TB = 1048576 GB =1125899906842624 Bytes

1 EB = 1024 PB = 1048576 TB = 1152921504606846976 Bytes

1 ZB = 1024 EB = 1180591620717411303424 Bytes

1 YB = 1024 ZB = 1208925819614629174706176 Bytes

1 DB = 1024 YB = 1237940039285380274899124224 Bytes

1 NB = 1024 DB = 1267650600228229401496703205376 Bytes

越到后面看上去越像天文数字，我们似乎没有办法感觉到它们到底有多大。百度公司对此给出了更形象的描述：百度新首页导航每天就要从超过1.5PB的数据中进行挖掘，这些数据如果打印出来将超过5000亿张A4纸。这些纸全部摞起来超过4万千米高，接近地球同步卫星轨道，平铺可以铺满海南岛。而2020年新增的数字信息成长幅度将是2009年的近45倍。如今，只需两天就能创造出自文明诞生以来到2003年所产生的数据总量。

1.5PB的数据已经是这么大了，后面的EB、ZB、YB、DB、NB就真是大得不可想象了。再回头看看阿基米得的米粒，是不是也不算大了呢？

## 大数据是什么

2010年1月12日16时53分，加勒比岛国海地发生里氏7.0级大地震，首都太子港及全国大部分地区受灾情况严重。截止到地震发生后15天，世界卫生组织确认，此次海地地震已造成22.25万人死亡，19.6万人受伤。此次地震中遇难者有联合国驻海地维和部队人员，其中包括8名中国维和人员。地震发生后，国际社会纷纷伸出援手，表示将向海地提供人道主义援助。

地震发生后，海地人散落在全国各地，而当地的通信本身就很落后，从世界各地赶来的援助机构到达后，一直都搞不清楚到底该向哪里提供援助。他们只能以传统的方式，通过飞临灾区上空或赶赴灾区现场来查找需要援助的人群。就在这时候，一家独立的信息分析平台通过广

海地地震

播公布了手机短信紧急求助号码，结果收到数千条有关被困人员的信息。散居在美国各地的大量海地裔美国人翻译了这些信息，并把它们标注在“危机地图”上。这个数据分析平台的志愿者们通过互联网向海地的美国海岸警卫队发送即时消息，告诉他们搜寻地点，最终成功营救了不少当地居民。

这是大数据一次非常精彩的亮相。这家独立的信息分析平台是来自东非肯尼亚的一个开源数据分析平台——Ushahidi，它一直收集和追踪有关暴乱、难民、强奸、死亡等事件的短信报告工作，并按照报告者提供的位置在地图上标明这些事件，并从中分析事件的频发位置，并进行预测和加强管制。和新闻报道和灾害应对小组相比，这个数据分析平台可以在更短的时间内收集到更多的证据，其基础便是由数据分析所得的准确地理定位，救援小组则通过实时变化的地图信息来实施营救计划。在灾害面前，只有数据是最为冷静和理性的。

我们说了那么多大数据，那么，到底什么是大数据？

维基百科上，所谓“大数据”指的是，网络公司日常运营所生成和积累用户网络行为数据增长如此之快，以至于难以使用现有的数据库管理工具来驾驭，困难存在于数据的获取、存储、搜索、共享、分析和可视化等方面。

“大数据”作为时下工厂行业最火的词汇，随之而来的数据仓库、数据安全、数据分析、数据挖掘等围绕大数据的商业价值的利用逐渐成为行业人士争相追捧的利润焦点。

早在1980年，著名未来学家阿尔文·托夫勒便在《第三次浪潮》一书中，将大数据热情地赞颂为“第三次浪潮的华彩乐章”。不过，大约从2009年开始，“大数据”才成为互联网信息技术行业的流行词汇。美国互联网数据中心指出，互联网上的数据每年将增长50%，每两年便将翻一番，而目前世界上90%以上的数据是最近几年才产生的。此外，数据又并非单纯指人们在互联网上发布的信息，全世界的工业设备、汽车、电表上有着无数的数码传感器，随时测量和传递着有关位置、运动、震动、温度、湿度乃至空气中化学物质的变化，也产生了海量的数据信息。

大数据技术的战略意义不在于掌握庞大的数据信息，而在于对这些含有意义的数据进行专业化处理。换言之，如果把大数据比作一种产业，那么这种产业实现赢利的关键，在于提高对数据的“加工能力”，通过“加工”实现数据的“增值”。中国物联网校企联盟认为，物联网的发展离不开大数据，依靠大数据可以提供足够有利的资源。

随着云时代的来临，大数据也吸引了越来越多的关注。大数据在下载到关系型数据库用于分析时会花费过多的时间和金钱，其分析常和云计算联系到一起。

“大数据”这个术语最早期的应用可追溯到apache org的开源项目Nutch。当时，大数据用来描述为更新网络搜索索引需要同时进行批量处理或分析的大量数据集。现如今，大数据不再仅用来描述大量数据，还涵盖了处理数据的速度。

从某种程度上说，大数据是数据分析的前沿技术。简言之，从各种各样类型的数据中快速获得有价值信息的能力，就是大数据技术。明白这一点至关重要，也正是这一点促使该技术具备走向众多企业的潜力。

大数据可分成大数据技术、大数据工程、大数据科学和大数据应用等领域，人们谈论最多的是大数据技术和大数据应用，工程和科学问题尚未被重视。大数据工程指大数据的规划建设运营管理的系统工程；大数据科学关注大数据网络发展和运营过程中发现和验证大数据的规律及其与自然和社会活动之间的关系。

# 五、大数据的新思维

## 免费的才是最贵的

据说，在非常遥远的古代，人们都是不穿鞋子的。有一次，一个国王到民间考察民情，走了一天的路后脚疼得难受。因为路上的石子实在太多了，硌得脚很疼。国王心想："我只是走了一天的路就这么难受，可怜我的子民们每天都要走这样的路啊。我得想个办法。"他边摸着自己的牛皮座椅边思考着，突然受到启发："牛皮足够坚硬和平整，又不尖锐，还耐磨，如果把所有的道路铺满牛皮，人们走起来不就不会硌脚了吗？"于是，他下令把全国所有的道路都铺上牛皮。他认为这样一来，全国的百姓都可以不被石子硌脚了。这时，一个聪明的大臣看不下去了，心想：全国这么多大大小小的路，这得多少牛皮啊？于是向国王提醒道：臣民们只要给自己的脚包上牛皮就可以了，不需要那么多牛皮的。国王一下子醒悟过来，赶紧更改了命令。

据说，这就是皮鞋发明的缘由。同样是为了不硌脚，国王的方法成本大得不可思议，而大臣只换了一下思维角度就得出了更好的办法。这就是经济学的办法。经济学要讲成本计算，而人类行为的规律揭示：每个人为自己的脚负责，是最经济的办法。不仅脚，其他事务也是如此。再说，如果是国王用全国人的钱为全国道路铺上牛皮，有多少人会珍惜这个牛皮道路网络呢？因为反正是免费的，谁会在乎？但如果是自己买皮鞋，他们就不会随意糟蹋脚上的牛皮了。

这是很简单的道理，但在生活中人们常常不知道这一点。很多时候，我们陷入了“牛皮公路”的错误思维而不自觉，扮演着那个自以为是的国王。

2013年，国外著名的社交网站Facebook预计将实现60亿美元的收益，而创造这么多收益的Facebook居然没有向用户收取一分钱。Facebook的所有服务对用户都完全免费，如果你是Facebook的用户，你会不会觉得你使用Facebook的服务简直是在占这个网站的便宜呢?

如果你这么觉得，你就已经陷入“牛皮公路”的思维了。Facebook不是慈善机构，它的管理者不是国王，其网站不是供所有人免费使用的牛皮公路。事实上，正如2010年《时代》周刊评选出的100位最具影响力的人之一，思想家杰伦·拉尼尔所说：“Facebook的用户2013年将为这家公司创造60亿美元的收入，却得不到一分钱的报酬。”

为什么这么说呢？这又是一个大数据的案例了。很多人暗暗觉得，Facebook不是一个慈善机构，它应该有自己的赢利方式，只是人们不知道它是如何赢利的罢了。这是非常正确的想法，事实也确实如此。Facebook的价值正是数以亿计的用户在使用过程中不知不觉积累的大数据形成的。通过分析用户的爱好、身份资料、个人信息和浏览习惯，Facebook就能够猜测到每个用户的消费喜好，比如，你最容易被哪类广告吸引，每个网站页面都有一个“喜好按钮”，哪怕你从来不摁，你的信息也会被反馈给Facebook。

在大数据时代，数据就是金矿，而创造数据的用户便是产生金矿的原材料。Facebook的主要产品是社交网络，而造就一个良好社交网络的最重要因素是它的内容。为Facebook提供内容的，正是一个个用户。用户提供的内容使网站变得美好，而他们的个人信息使得网站变得有价值。

这一切都解释了为什么像Facebook这么一家雇员少于5000人的公司，如今市值超过650亿美元。在拉尼尔看来，这是一种巨大的不公平，也是大数据时代的一个巨大缺陷。像Facebook一样的公司，通过收集我们的各种行为数据获得巨大利润，而我们的行为本身却被视为是毫无价值的，似乎它们无须为我们的劳动付出任何报酬。这么看来，在大数据时代，表面上我们是在免费使用着某些公司的各种资源，而实际上是我们付出各种劳动，某些公司免费搜集着我们产生的数据，没有给我们任何报酬。这么一说，阿里巴巴创始人马云曾说“免费的才是最贵的”确有一定的道理。

那么，怎样才是合理的呢？让我们从小数据时代获得一些启示吧。比如，我们走在街头上，一个陌生人走过来请求我们帮助完成一项问卷调查。这种事情是常有的，当然，我们可以选择不合作。不过，很多时候我们都会帮忙完成。作为答谢，对方一般会准备一些小礼物，一支笔、一个小本子之类的。这算不上什么报酬，只能说是调查者对占用了被调查者的时间的歉意的一种表达。那些如同Facebook一样的公司应该学会这种传统。首先，它们采集我们的数据，应该像在街头找我们做问卷调查一样征求我们的同意，而我们可以选择不同意。在我们表示同意它们收集数据后，它们应该认识到，它们最好礼节性地表示点什么。不然，这看似免费的服务才真正是最贵的。

## 一切皆可数据化

阿基米得曾经说：“给我一个支点，我就能撬动地球。”从某种意义上我们也可以说：“给我一组数据，我就能复制地球。”为什么这么说呢？数据到底能告诉我们多少信息呢？

在回答这个问题之前，我们不妨这么假设一下：现在我们正在野外的一块空地上挖掘，突然我们挖出了一个不明物体，这是一个规则的长方体。我们手上唯一的工具是尺子，现在我们量出了它的长、宽、高，也就能够在纸上画出这个长方体并算出它的体积。接着，我们发现这个长方体实际上是一个实心的大金块，那么根据黄金的密度我们可以算出它的质量，并根据当前黄金的价格给其估价；如果我们发现这块金块是贵重的文物，却不知道具体是什么时候的，我们可以把它带到实验室对它做碳14鉴定，了解它具体制造于哪一年，进而推测是谁制造的，这中间又发生了哪些故事……

从一开始我们只知道它是一个长方体到后来我们掌握了它的来龙去脉，这一步步里我们是如何增加对它的认识的？其实，我们只是逐步采集到了这么一些数据：

1. 这是一个长方体；

2. 这个长方体的长、宽、高的值；

3. 我们已知的知识告诉我们：体积=长×宽×高，质量=体积×密度，黄金的密度= 19.3克/厘米$^3$，由此得出物体质量；

4. 由当前的金价，我们可以计算出这块金块值多少钱；

5. 碳14的半衰期为5700年，计算出这块金块的碳14含量，就知道它制造的年代；

…………

这一过程中，我们采集到的具体数据越来越多，最后得到的信息也越来越多。我们采集到的数据的多少，决定了我们准确描绘它的程度。对一块金块是如此，对这个地球同样是如此。当我们掌握的数据足够多，多到我们足以完美描绘出这个地球的任何一个特征，我们就能够将它数据化。同样，我们采集到一个人的数据足够多时，就能很好地用数据描绘这个人。

2011年12月，英国电视4台播出了一部名为《黑镜》的迷你电视剧，全剧共两季，每季3集，每集都是一个独立的故事。虽然每集都有不同的演员上演不同的故事，但所有故事都是围绕我们当今的生活展开的。在《黑镜》第二季里，编剧查理·布鲁克为大家讲了3个故事，其中第一个故事是这样的：女主角是一个叫玛莎的女孩，她深爱的男友艾什因车祸意外去世。刚刚怀孕的玛莎痛不欲生，每天都沉浸在过去，怀念着有艾什的日子。艾什生前沉迷于各种社交网络，在网络上留下了不少东西，包括照片、视频、聊天记录、电子邮件等。而此时，一种新的电脑软件出现了，只要将艾什生前散落在网络上的各种内容全部整合在一起，经过一系列复杂的数据分析，这个软件就能够准确地掌握艾什的各种特征，包括形象、语言风格等。通过这些特征，这个软件可以再造出一个“艾什”。玛莎接受了这项服务。这样，玛莎可以像过去一样与虚拟的艾什进行网络聊天、手机通话等。

这当然不是死而复生，而是一个大数据时代的奇迹。如果顺着这个剧情设想，我们不难作出预测，在未来，现在不能数据化的东西都可以数据化，直到最后一切都可以数据化，包括一个人、一个世界。

这个故事到后来发展到玛莎订购了一个具有艾什特征的机器人，然后发现机器人毕竟只是机器人，没有艾什的灵魂，最终玛莎放弃了这个机器人。导演似乎是要告诉我们，科技到任何时候都无法代替一个真正的人。可是，灵魂到底是什么？不就是说机器人还不够像艾什吗？那也只是因为艾什留下的数据还不够大，如果艾什从出生到车祸死去前的所有行为特征都被采集到了，根据这个采集到的大数据定制出的艾什和真正的艾什又有何不同呢？

在未来的世界里，一切都可以数据化，包括人。一切都保存在互联网的数据库中，当你有一天需要的时候，数据库服务商能够将这些数据调出来给你。

## 一切都可以量化

很多传统观念告诉我们，有些东西是可以量化的，而有些东西不能够量化。比如，一个书法家每天写了多少字是可以量化的，数数字数就知道了，而写字的优劣是没办法量化的，因为每个人欣赏眼光不一样；一个鱼缸里有多少鱼是可以量化的，数数就知道了，而整个地球的海洋里有多少鱼是没法量化的，实在没办法估算……现在，我们需要转变这个观念。

要知道，凡事皆可量化。只要我们能够找到观察问题的方式，并从一个新的角度去衡量它，不管从这个新的角度衡量它到底精准度如何，只要它能让我们知道得比以前更多，那么它就是一种可行的量化方法。实际上，对那些看似不可量化的东西，人们总能找到相对简单的量化方法。

1938年诺贝尔物理学奖得主、著名的物理学家恩里科·费米在使用各种高明技巧方面很有天分，在量化工作方面也是如此。很多人都知道他的一些有关量化的有趣故事。

1945年7月16日，美国新墨西哥州洛斯阿拉莫斯附近的特里尼蒂沙漠进行了第一枚原子弹爆炸的试验。在其他科学家对量化爆炸当量的仪器进行最后校正时，作为基地观测爆炸情况的原子弹科学家之一的费米正在把一张纸撕成碎片。当第一波冲击波冲过营帐时，他把碎纸屑慢慢撒向空中，观察它们在冲击波的冲击下能飘多远，最远的碎片承受的就是波的压力峰值。费米知道一条简单规则，那就是碎纸片在风力作用下的漂移和他想要量化的数据有关。据此，费米得出结论：爆炸当量至少有10000吨。这应该是一条新闻，因为其他观测者还没有算出这个下限。人们都在估计这次爆炸的当量，有说5000吨的，有说2000吨的，但都是非常感性的猜测，没有一个很好的估算办法去衡量，也没有其他的原子弹爆炸参数去对比，因为这是原子弹的第一次爆炸。在人们根据仪器的读数作了大量分析后，最终的计算结果为18600吨，这证实了费米的猜测。

在整个职业生涯中，费米深谙快速估算的价值，并以教授学生们估算一些奇妙的数值而著称。学生们首次接触这些问题时，对所要量化的东西简直一无所知，最著名的例子就是“费米问题”。费米问他的学生该怎样估计芝加哥的钢琴调音师的人数，他们都是学科学和工程学的，开始时一般都会说他们对这个数据的相关知识知之甚少。

当然，也有一些解法是比较简单的，如通过查看广告一个个统计钢琴调音师的数量，或者通过发证机构来检查某种执照的数量等。但是，费米教给学生的是量化“无形之物”的方法，他希望学生们通过提问题并量化其数值，从而真正了解并领悟到一些东西。

费米首先问学生们关于钢琴和钢琴调音师的其他问题，这些问题虽然也是不确定的，但相对容易一些，包括芝加哥当前人口数量（1930—1950年，略超过300万）、每家平均几口人（2或3人）、家庭平均拥有的需要定期调音的钢琴数量（10家里最多1家，但30家至少有1家）、每架钢琴需要调音的频率（也许平均1年1次）、一名调音师平均每天能调多少架钢琴（4~5架，包括交通时间）、一年工作多少天（约250天）等。此时，根据这些数据就可以计算结果。

芝加哥的家庭数量=芝加哥人口÷平均每个家庭的人口数

芝加哥拥有钢琴的家庭数量=芝加哥的家庭数量×有钢琴的家庭的百分比

芝加哥每年需要调音的次数=芝加哥拥有钢琴的家庭数量×每架钢琴每年需要调音的次数

一名调音师每年的调音次数=调音师每天调音的钢琴数×年工作天数

芝加哥的调音师数量=芝加哥每年需要调音的次数÷一名调音师每年调音次数

根据选择的不同特定值，所得结果应该是20~200，一般在50左右。后来费米可能从电话号码簿或行业协会弄到了真实值，当他把猜测值和真实值作比较时，发现他总是比学生们猜测的更接近真实值。或许20~200这个范围看起来很大，但考虑到这是学生们最初从“我们怎么猜得到”的态度开始一步步改进而得来的，就已经很不错了。这种解决费米问题的方法，被称为“费米分解”。这一方法不仅有助于估计不确定的数值，而且也给评估者提供了查看不确定性的来源——是每家平均拥有的钢琴数量不确定，还是钢琴每年需要调音的平均次数不确定，又或者是调音师每天调音的钢琴数量或者其他什么因素？弄清楚不确定性的来源，可以帮助我们量化相关事物，以便最大限度地减少不确定性。

从技术上说，费米分解法不完全是量化，因为它不是建立在一种新的观测方式基础上的，但它确实是一种让你更加了解问题的评估方式。在大数据时代，数据在以我们无法想象的速度增长着，有些问题是无法实现非常精确的计算的，而费米分解就为我们提供了很好的思路。我们要避免陷入不确定性及“无法”分析的泥潭，为了避免被显而易见的不确定性压倒，应该从知道的事情开始提问。评测我们已了解的事物的数量，是量化那些似乎根本不可量化的事物的重要步骤。

## 大数据≠大价值

电视连续剧《薛平贵与王宝钏》中有一段剧情，说的是王宝钏的二姐王银钏刻薄嫉妒、嫌贫爱富。她不但对母亲疼爱宝钏感到愤愤不平，还非常看不起沦为乞丐的薛平贵。王银钏曾对薛平贵百般羞辱，极尽嘲讽之能事，一心想让王宝钏和薛平贵棒打鸳鸯两处飞。后来，薛平贵飞黄腾达登上高位后，赐她金碗要她沿街乞讨以示惩罚。讨到金钱或食物算她好运，讨不到东西就活该她倒霉。这还不够，薛平贵还在惩罚里加了限制条件——那只金碗只许用不许卖，并派官兵在她后面监督。王银钏拿着金碗怎么也讨不到饭，因为别人要么认为她是神经病，要么觉得事有蹊跷不敢随意施舍。

这个故事到这里并没有结束，但我们只讲到这里。这里有一个疑问：薛平贵为什么要以这种方式惩罚王银钏呢？这其实是一种暗讽。薛平贵就像那只金碗一样，非常贵重，王银钏曾经离薛平贵那么近，却一点儿也不识货，就像拿着金碗讨饭一样。一只金碗，在识货的人手里才能体现出它的价值。像王银钏那样拿着金碗乞讨，既不能卖也不能换东西，金碗就失去了它应有的价值。其实，大数据也是这样的。为什么这么说呢？

大数据并不等于大价值，就像金碗并不一定等于大价值一样。一个企业掌握着庞大的数据，如果没有对其进行数据分析，这些大数据就是一个沉重的负担。因为光是采集和储存这些数据都要耗费很多人力资源和时间成本，而采集到的数据不经分析就无法给企业带来红利，企业在这一过程中只有支出没有收入。

从麦肯锡的调查来看，大数据确实给很多行业带来了价值，比如为美国的医疗行业带来了每年3000亿美元的价值，而其他的各行各业也一样可以从大数据中受惠。

大数据带来大价值，但是大数据不等于大价值。就像一座未开发的金矿不等于黄金万两一样。金矿只有通过开发成为金砖并放到交易市场上之后才能产生价值，而数据只有通过技术和分析工具显现在大家面前，使得数据变成信息，然后信息分离出有用的信息，才能产生价值。大数据也是一样，无非就是数据的量不同。

大数据就像一座庞大的冰山，大量的数据都隐藏在海面之下，显现出来的只有一点点。如何将这些大量的数据挖掘出价值，这是和IT技术进步相关的。现在，计算机的硬件和软件计算能力都越来越强大，使得我们从大量数据中提取有用信息的速度也越来越快，很多以前我们无法计算的问题现在都能够得到解决。

例如，富士通帮日本的医疗机构做数据挖掘，其中一个项目是将很多电子病历、抑郁症患者的DNA信息、抑郁症患者的重点发病地都结合起来。富士通和日本大学医院政府做实验，根据病例、气象、DNA、地域数据，分析抑郁症患者自杀的概率，建立数据模型，进行验证。这在过去是不可能做到的，但现在有了IT技术，可以把假设通过技术很快地运算并加以验证，这样，以前没有体现出价值的数据便体现出了价值。

另一方面，过去某些大数据可能也是可以进行分析的，但是因为数据量太大或者计算过于复杂，得到结果的速度实在太慢，等待结果出来时，数据的时效性可能已经过了。比如我们要预测第二天的天气，以前的计算机可能需要三四天才能够计算出来，而等计算出来，预测本身已经失去了意义。而现在，同样的计算可能只需要几个小时。这样，预测本身的价值就体现出来了。

大数据不等于大价值，但大数据分析做好后，大数据就会带来大价值。随着大数据技术的发展，一些现在将大数据视为负担的企业将越来越多地感受到大数据分析带来的甜头。

# 六、大数据的局限

## 无法计量的价值

大数据能在各行各业发挥其他工具完全无法代替的作用，但大数据并不是万能的，并不是任何时候、任何场合都适用的。大数据本身也有局限性，在大数据成为一个热门话题的今天，我们不能迷信大数据，而是需要弄清楚状况，知道什么时候需要使用大数据，什么时候需要使用其他工具。

几年前，世界爆发金融危机时，一家大银行的CEO做出一个让很多人都觉得不符合常规的决定。考虑到经济的疲软以及未来欧元危机的前景，很多人认为他应该会退出意大利市场，可是他最终决定留在意大利挺过任何潜在的危机。做决定前，这位CEO让手下的智囊团预测出可能发生的一系列不利情况，计算出这些情况对于公司意味着什么。但是最终，他还是根据价值判断做出了决定。他的银行已经在意大利经营几十年，他不想让意大利人觉得他的公司是一个不可以共患难的朋友，他也想让公司里的员工觉得时局艰难时公司不会转移，即便这样做会有一些短期的成本损失。他在做决定时没有忘记数据，但最终，他遵循了另外一条思路。结果表明，这条思路无疑是正确的。商业有赖于信任，信任是带有感情的互惠行为。在艰难时期仍然坚守诚信的公司和人会赢得别人的好感和自尊，即便这些不易通过数据来衡量也是极有价值的。

这个故事里面暗藏了大数据分析的优点和局限。在当今这一历史性时刻，用于数据收集的计算机正调节着我们的生活。在这个世界，数据可以用于帮助我们理解令人难以置信的复杂情况，可以帮助我们弥补自己直觉上的过度自信，帮助我们减轻因为情感、观念、经验等主观因素导致的对事实的扭曲。但是，还很有多事情，大数据是无能为力的。

比如，大数据对准确描述社会活动是无能为力的。人的大脑在数学方面很差，但是在社会认知上很优秀。我们总能从一个人的面部表情的微弱变化捕捉到其很细微的情绪，从一个微小的动作判断对方的心理状态。同时，我们很多时候需要用情感来对一些事物进行价值判断。这些方面，大数据并不擅长。大数据分析本身是由计算机来进行的，它善于衡量社会交往的数量而非质量。比如，一个社交网络专家或许可以通过大数据分析绘制出你在平时80%的时间里与常见的10名同事或朋友的交往情况，但他没办法通过大数据分析捕捉到你对在某个很遥远的地方生活的近些年从来没有见面的前女友的复杂情感。因此，在做有关社会关系的决策时，要想用办公桌上的粗糙机器替代神奇大脑的想法是很浅薄和愚蠢的。

大数据在解决很多领域的重大问题方面也有局限。一个公司可以做一个随机对照试验来判断到底是哪一封促销邮件勾起了用户的购买欲，但一个政府不能用同样的办法来刺激萧条的经济，因为没有另外一个社会作对照。怎样能够刺激经济增长，这个问题经济学家和政府官员都很关心，也引发过很多争论。关于这个问题，我们有堆积如山的数据可用，但是没有哪位参与争论的人会被数据说服。

而且，大数据分析更偏向分析潮流和趋势，对一些突出的、特异的个例则毫无办法。当大量个体对某种文化产品迅速产生兴趣时，大数据分析可以敏锐地侦测到这种趋势，但其中一些可能非常杰出的东西从一开始就被数据摒弃了，因为它们的特异之处并不为人所知。

另外，数据本身也有局限。纽约大学教授丽莎·吉特曼有一本学术著作叫作《原始数据只是一种修辞》，书中指出，数据从来都不可能是原始存在的，因为它不是自然的产物，而是依照一个人的倾向和价值观念而被构建出来的。我们最初定下的采集数据的办法已经决定数据将以何种面貌呈现出来。数据分析的结果看似客观公正，但其实价值选择贯穿了从构建到解读的全过程。数据会掩盖价值。没有任何数据是原始的，往往是根据人的倾向和价值观构建起来的。最终的结果看起来很无私，但实际上从构建到演绎的整个过程一直伴随着价值选择。

这并不是说大数据就没什么了不起的，而是说数据和其他工具一样，在一些方面有优势，而在另一方面则有缺陷。

## 个人隐私的战争

有一段时间，谷歌执行董事长埃里克·施密特成了网络红人，谷歌的不少用户都将自己的网络账户头像更换成了埃里克·施密特的照片。这不是因为施密特是他们的偶像，而是用户对谷歌新广告的抗议。这次大规模的抗议让施密特陷入一个尴尬境地。这是怎么回事呢?

原来，谷歌推出了一个名为“共同代言”的广告政策，这个政策放宽了对个人资料的限制，它将允许广告商使用谷歌用户在谷歌的社交网站以及其他服务上的姓名、照片、评论等信息，以便为自己的广告产品背书。这一举措引起很多用户的强烈反感，他们认为这侵犯了个人隐私，于是他们“以牙还牙”，将“无辜”的施密特作为头像，让施密特也感受一下到处都是自己做广告的心情。

这一次，谷歌只是一时处在了“风口浪尖”。这背后暗含的是一场无法避免的大数据和个人隐私之间的“战争”。

谷歌新广告政策所谓的“共同代言”，究竟是怎么一回事?

举个例子，你用谷歌搜索某家餐厅，网页上可能显示，你的朋友“张某某”或“李某某”等在这家餐厅用过餐后点了“赞”或是作出其他评价，而且“张某某”或“李某某”都是实名制的，他们的头像也赫然在目。然后，你会对这家餐厅很有感觉，可能也会依照朋友们的评价来做出一些消费选择。这样一来，你的朋友们无形中就为这家餐厅做了广告，成为其形象代言人，甚至有一天，他们还可能得到一些广告费的分成。

如果你是“张某某”或“李某某”，你是否真的愿意做这样的广告，把自己的行迹暴露给其他人？即使广告的对象是自己的朋友，你可能也不是每一次都愿意无条件分享的。更何况，对你来说，你可能根本记不得以往在哪些地方留下过“到此一游”的墨宝，天知道这种广告会出现在哪里，又会被哪些人看到。

不过，谷歌也给出了解释：是否参与“共同代言”，其实是用户自主选择的。只不过，用户如果不修改自己共享的批准设置，就是默许谷歌在广告中使用用户的各类信息。

即使如此，谷歌的这一新广告政策还是遭到“侵犯用户隐私”的质疑。美国电子隐私信息中心主管马克·罗特伯格也指责谷歌新广告将网络用户照片等信息商品化有失公允，他同时呼吁美国联邦贸易委员会介入调查评估。谷歌用户们更是纷纷表示抗议，据外媒报道，短短时间里，许多谷歌用户已经把自己的个人简介照片替换成施密特的照片，一旦谷歌决定在广告中使用用户的照片，这些照片显示的都将是施密特本人。

如果说谷歌新广告政策是将用户信息直接拿来为己所用，侵犯了用户的个人隐私，那么，在当下这个大数据时代，几乎所有线上的商业行为本质上都是通过对用户个人隐私的洞察或利用来获取商业收益的。

我们每个人在网络上的一切行为，都可以被服务方知晓。当我们浏览某个网页、发了条微博、逛了逛某个社交网站抑或是进行了一次网络购物，等等，所有的举动实际上都被网络以数据的形式记录下来。而基于对这些数据的综合分析，谷歌可以清晰地掌握你的网页浏览习惯，而亚马逊、淘宝等电商将了解你的购物习惯，微博、微信等则似乎什么都知道，包括你的社交关系网络。除此之外，还有网络地图和定位，更是能够实时监控你的行踪。

这些所有的“你”的信息，原本都是个人隐私，如今却成为互联网商家们的“库存”数据。商家们可以随时拿来识别“你”，并对你进行商业价值的挖掘。谷歌新广告的做法只是其中之一，商家们基于大数据的所谓精准营销则是更普遍存在的隐私利用形式。

比如，你在某个社交网站上偶然提及某种产品或服务，这类型的产品或服务就能主动找到你；又如，你想要网购一双雪地靴，在某个电商网站上浏览过该类产品，那么相关的雪地靴介绍或者购买的链接就会在未来一段时间内不断推荐给你；再比如，你仅仅是通过网络地图搜索过某家餐厅的地址，你可能都没有想过去消费，但关于餐厅的介绍或是其各个时段的促销优惠信息就会定期推送给你，这其中自然还包括谷歌新广告所涉及的好朋友代言。

这些商家的做法，看似更懂消费者，能够直达消费者，但这何尝不是对消费者隐私的一种侵犯呢？“大数据时代，几乎没什么隐私可言”，说得一点都不为过。你是谁，你在哪，你的喜好，你的消费习惯，你此刻想要做什么……大数据都能给出准确的或接近准确的答案。对于互联网企业来说，基于大数据资源去掌握更多的用户隐私，才能迅速占领更多的市场份额。甚至有业内人士将互联网的下一轮竞争直白地定义为“隐私之战”，用户的隐私就是核心竞争力。

业内人士坦言，大数据时代要保护个人隐私，让用户个体的隐私不泄露，在技术上很难做到。我们唯一能够而且必须采取的措施，就是让这些用户的个人隐私不被无良商家、非法机构恶意地使用。一方面，这需要政府和行业监管机构加强监管，但凡发现有恶意使用用户隐私并且给用户造成伤害的商家，就要给予严厉的惩罚。

## 未来的福尔摩斯

小说里的神探，不管是福尔摩斯、波洛还是狄仁杰、柯南，都有一个共同的特点，就是有一个具备强大分析能力的大脑。他们能够观察到细小的证据，并把这些证据关联，分析出犯罪事实。一个比较残酷的现实是，神探几十年出一位，罪犯却天天在行动。幸运的是，最新的大数据分析工具正在将每一位普通警员都变成神探，甚至能预测犯罪。最新的案例显示，大数据在警务中的应用已经收到了良好的效果。

作为美国警界最早的大数据预测分析试点单位，圣克鲁斯警察局通过城市大数据预测犯罪地点和时间。大数据分析可以帮助警察分析历史案件，发现犯罪趋势和犯罪模式，找出共同点和相关性，通过分析城市数据源和社交网络数据，甚至能预测犯罪。过去需要几天、几周甚至几个月的数据资料分析，在最新的警用Hadoop大数据分析系统中几个小时内就能完成，从而大大提高了警察办案的效率。

警方使用的大数据分析工具，可以帮助分析人员采集和分析文本、图像以及其他信息，还可以进行文本提取、案例组织等工作。此外，它的协同工具还可以避免重复的工作以提高效率。它的联合查询和模糊查询的功能可以让用户在即便拼错单词的情况下，以一个查询语句访问不同的数据库。

据国外媒体报道，美国孟菲斯市警察局采用Blue CRUSH预测型分析系统后，过去5年暴力犯罪率大幅下降。最近美国马里兰州和宾夕法尼亚州也采用了一种能极大降低凶杀犯罪率的犯罪预测软件，不但能预测罪犯假释或者缓刑期间的犯罪可能性，还能成为法庭假释条款和审判的参考依据。例如，用软件分析发现14岁第一次杀人比30岁第一次杀人的罪犯更容易再次行凶，因而调整假释条款。

大数据在查案办案方面将起到非常重要的作用。一个能够对犯罪案件相关大数据进行数据分析的人，便是未来的福尔摩斯。

每个人都知道，一个人在犯罪前，无论大脑里有过多少有关犯罪的预谋，都不构成犯罪事实。而在斯皮尔伯格导演、汤姆·克鲁斯主演的电影《少数派报告》里描述了这么一个时代：随着科技的高度发展，人类发明了能侦察每个人的脑电波的机器人“先知”。“先知”能侦察出人的犯罪企图，所以罪犯在犯罪之前就已经被犯罪预防组织的警察逮捕并获刑。这一点与大数据时代的预防犯罪有共通之处。这不禁让我们思考：在大数据时代，究竟怎样才是真正的犯罪？

IBM的一则广告片讲述数据分析如何帮助警察在罪犯作案前赶到现场预防犯罪，可以说电影《少数派报告》的现实版正在上演。作为警用大数据市场的重要厂商，IBM推出SPSS预测分析软件以及i2 COPLINK数据库应用软件以提供数据整合、分析，以及数据可视化功能。通过这些软件，可以进行数据集中管理，帮助警方不同部门协同工作，并可以帮助发现犯罪线索。在美国南卡罗来纳州的查尔斯顿，警方利用IBM的数据分析工具帮助当地的400多名警察更加准确地进行犯罪模式的分析。根据IBM的说法，警方可以利用分析预测工具进行警力调配，发现犯罪热点地区提前预防犯罪发生，从而降低当地的发案率。在美国，从纽约到洛杉矶，有越来越多的警察局在计划或者开始部署大数据分析工具。很多警察局认为，大数据分析工具从长期来说可以提升办案效率，优化警力资源分配，从而提高社会和公众安全水平。

在这两个案例里，警察还是在遵照现实生活中的逻辑：没有行动的犯罪不能定罪。但是，如果大数据分析到非常精准的程度，甚至可以算出某人在某个时间犯罪的概率有多大，事情会不会发生变化呢？比如大数据分析显示，某个人某天深夜可能在家谋杀他的妻子，可能性高达99%。警察该如何去预防犯罪呢？如果他们相信大数据分析的结果，他们就要高度监视这个人或者在危险将要发生的时候破门而入，这都是有风险的。前者是没有证据而假定一个人会犯罪而去监视，侵犯了个人隐私；后者则难度很大，破门而入的时机早了，犯罪还没有任何迹象，则是警察侵犯了个人安全，如果时机晚了，犯罪已经发生，警察的责任则更为严重。

未来到底会怎么发展呢？谁也不知道。我们还身在大数据时代的前奏曲里，只能慢慢随着这个壮丽的曲子走下去，看看之后这些到底会怎么发展。

## 算法不能代替判断

有个笑话是这么说的：3位统计学家去郊野打猎。他们发现了一只兔子。第一位统计学家率先开枪，结果没打着，子弹大约往左偏移了一米远；第二位统计学家开枪射击，结果还是没打着，子弹大约往右偏移了一米远；第三位统计学家大喊道："我们逮住它了！"

你发现这个笑话的笑点了吗？这个笑话的笑点在于嘲讽"平均数"，一个往左偏移一米，另一个往右偏移一米，平均算起来就是正好打中了。这个笑话的荒谬之处如同"你家有100平方米的房子，邻居家有1000平方米的房子，你们两家平均住着550平方米的房子"。也许你不觉得这个笑话可笑，但是你可能会发现，现实生活中许多人就是这么计算的。你不能说他们的计算是错误的，但显然得出的结论是毫无意义的，或者说得出的结论是用来掩饰真相的，就像乔布斯曾和比尔·盖茨说"比尔，我们两个人统治了全部的电脑操作系统"。比尔·盖茨微微一笑，什么都没说。要知道，全世界90%的电脑都使用微软的windows系统啊。因此，乔布斯这句话在知道底细的人看来是非常"自抬身价"的。

在大数据的世界里，计算机要处理和分析相当庞大的数据，这些数据如何被处理、分析，用着怎样的算法，最终会得出怎样的结论，这一点是不确定的。如果在大数据的处理分析中，算法师使用的是一个如同上文中统计学家的"平均数"一样的算法，那么大数据呈现给我们的信息可能会让我们对现实情况产生误判。

不仅是算法，数据本身的采集可能也是有问题的。就像新闻报道中文字游戏非常普遍，这也可能对大数据本身产生影响。例如，某厂的利润第一年为0，第二年为100万，第三年为200万，今年（第四年）利润为250万。我们可以有很多方式来报道这个新闻：某某厂今年利润增长25%；某某厂今年利润增速降低50%；某某厂平均每年利润为137.5万元；某某厂利润增长渐趋稳定……这么多种表述方式没有一个是错误的，可是带给我们的感觉完全不同。

我们或许可以在内特·希尔的著作《信号与噪音》中找到这些问题的精彩答案。希尔引用了菲利浦·泰洛克对专家意见所进行的经典研究。这项研究显示，数量多得令人不安的专业领域的“专家”在预测可能结果方面的表现往往差得离谱。此外，专家们往往对其预测质量过度自信，简言之，专家意见时常获得两个世界的最差结果：以妄自尊大的态度给出了错误答案。这不是成功的秘诀。

从IBM的超级电脑“沃森”、谷歌的搜索算法到亚马逊网站的推荐引擎，数据驱动的计算系统无疑能够获得非凡的成功，特别是当它们专注于现实生活测试而不是抽象理论的时候。希尔说：“真正像谷歌一样懂得大数据的公司并没有将大量时间花在构建模型上。这些公司每年从事数十万次实验，在真实的顾客身上测试自己的想法。”

从希尔的书我们可以得出一个颇具讽刺意味的结论：一个人获得的数据和事实越多，预测就越有意义，人的判断也就显得愈发重要。这好像不是我们想要的答案。我们希望能够通过大数据分析直接得到结果，告诉我们该怎么做，尽量减少我们的判断；而事实上，我们的判断正变得越来越不可或缺。

## 没有隐私的世界

2013年6月，一本名为《1984》的书突然间火了起来，亚马逊网上书城记录，这本书的销量增长了70多倍，在24小时里甚至涨了500多倍。这是怎样的一本书？推动销量增长的原因又是什么呢？

《1984》是英国作家乔治·奥威尔创作的一部政治讽刺小说，小说创作于1948年，出版于1949年，已经被翻译成至少62种语言。它与1932年英国赫胥黎的《美丽新世界》以及俄国尤金·扎米亚金的《我们》并

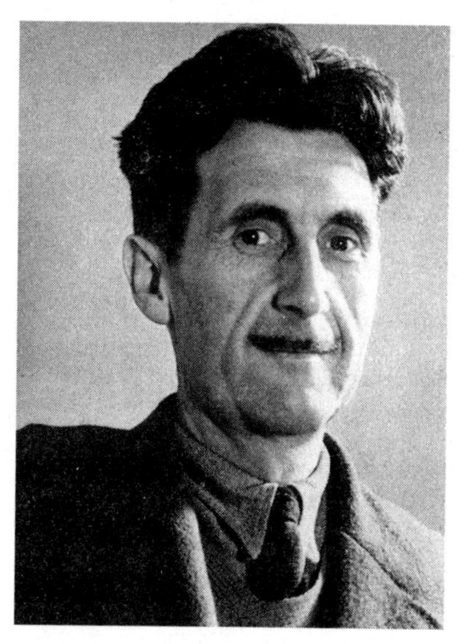
乔治·奥威尔

称“反乌托邦的3部代表作”，通常也被认为是政治小说文学的代表作。书中讲述了一个令人感到窒息和恐怖的以追逐权力为最终目标的假想的未来极权主义社会，通过对这个社会中一个普通人温斯顿·史密斯的生活描写和对抗无时无刻不在监视着他的“老大哥”最后完全失败的命运，投射出现实生活中极权主义的本质。《1984》曾在某些时期内被视为危险和具有煽动性的，并因此被许多国家（不单是有时被视为采取“极权主义”的国家）列为禁书。本书被美国《时代》周刊评为“1923年至今最好的100本英文小说之一”，此外还在1956年、1984年改编成电影上映。

《1984》对英语世界产生了意义深远的影响，书中创造的一些术语和小说作者已经成为讨论隐私和国家安全问题时的常用语。比如“奥威尔式的”形容一个令人想到小说中的极权主义社会的行为或组织，而“老大哥在看着你”（BIG BROTHER IS WATCHING YOU，小说中随处可见的标语）意指任何被认为是侵犯隐私的监视行为。这一次，这本离首次出版已经50多年的旧作，是因为一个叫作爱德华·斯诺登的人而火起来的。

爱德华·斯诺登是一个美国人，生于1983年，曾是美国中央情报局技术分析员，后供职于一个国防项目承包商。2013年6月，斯诺登把美国国家安全局关于“棱镜”监听项目的秘密文档披露给《卫报》和《华盛顿邮报》，很快，他被美国政府通缉。斯诺登早就预料到会是这样，所以事发时人并不在美国，而是在香港，随后他飞往俄罗斯并获得为期一年的临时避难申请。后来，斯诺登又向全世界披露了很多轰动性的信息。2013年12月11日，美国《外交政策》杂志评选美国国家安全局承包商前雇员斯诺登为2013年全球百名思想家榜首。

斯诺登第一次披露美国国家安全局如何从技术公司获取电话记录和数据以后，奥威尔的《1984》销量就开始不断上升。很明显，人们由这次事件联想到《1984》里描写的世界。这个世界里，美国国家安全局就像书中的老大哥一样盯着每一个人，人们毫无隐私可言。无论是美国人还是其他各个国家的人，很多人都像看影视剧一样关注着这件事情的发展，却不知道有一个比美国国家安全局更为强大更为隐秘的存在正窥探着我们的隐私。这就是大数据。相比起美国国家安全局，大数据更像老大哥。

一些公司正凭借手中规模迅速增长的个人信息，利用各种新型数据分析方法和人工智能来进行产品和服务决策，乃至预测客户的需求。谷歌CEO拉里·佩奇表示，他眼中的理想技术就像“一名高度智能化的助手，为你做各种事情，免得你自己操心”。是的，技术可以为我们做很多事情，比如在不久的将来我们可能看到这样的场景：在我们起床前就有智能电饭煲已经为我们做好饭，洗漱完毕后打开手机看看它为我们规划的日程安排，坐在驾驶位置喝茶任凭谷歌无人汽车自动驾驶带我们去目的地……这种生活确实让人向往，但是，有多少人知道我们可能为这样的生活承担了多大的风险，付出了多大的代价呢?

多数人可能没有意识到，自己每天制造了多少数据，以及一些大数据企业用以利用这些数据的科技已经发展到怎样的地步。技术发展如此迅速，两年前还不可想象的事情如今已变得稀松平常。当你使用错误的关键词在搜索引擎上搜索时，搜索引擎会猜测到你实际想搜索的关键词，这不就是一种预测吗？实际上，大数据分析的预测功能比这个要强得多。哈佛大学教授拉塔尼娅·斯威尼的研究显示，只要知道一个人的年龄、性别和邮编，并与公开的数据库交叉对比，便可识别出87%的人的身份。而在大数据时代，通过分析用户4个曾经到过的位置点，就可以识别出95%的用户。社交网络和互联网公司收集的数据呈现出很强的身份特征。大数据公司之所以非常强大，是因为它们能够将客户的个人信息与他们的行为特征结合起来，从他们购买了哪些商品到他们身在何处，都可以帮助企业非常精准地猜测到客户可能存在的需求。你在那些公司的分析下完全没有任何隐私，就像裸体站在他们面前一样。

世界经济论坛的一份关于个人数据的报告里说道：“推测数据可能像一个无所不知、盯着监控摄像头的‘老大哥’。”大数据分析本身没有任何危险和过错，但如果一些数据被用于特定的、不怀好意的目的，我们如何防范？大数据时代才刚刚开始，未来，谁也说不好会不会出现大数据分析导致的信任危机。一旦有源于大数据分析的严重隐私泄露事件爆发，大数据分析可能就像今天的美国国家安全局一样，失去人们的信任。大数据有许多值得我们惊叹的地方，但我们要学习掌握好它，利用好它，不让它成为“隐私杀手”，可能还需要很长的时间。

## 计算机的危机

高登·摩尔，1929年1月3日出生于美国加利福尼亚州旧金山，他是仙童公司的创始人之一，也是英特尔公司的创立人之一，同时还是大名鼎鼎的“摩尔定律”的提出者。这几十年来，计算机计算能力的增长一直遵循着摩尔定律，而这样的增长给大数据的发展带来了机遇。

高登·摩尔

1965年的一天，《电子杂志》写了一封信给摩尔向他约稿，希望摩尔能为他们写一篇关于半导体工业未来发展的文章。1965年4月19日，《电子杂志》上刊发了一篇名为《让集成电路填满更多元件》的文章，在这篇文章中摩尔总结了过去几年集成电路的发展情况，然后大胆预测了半导体工业的发展速度：由于晶体管工艺的提高，晶体管体积逐年减小，集成电路的整合度每年都会翻一番，也就是说半导体元件的性能和功能将会以几何数字逐年递增并且一直持续下去。这就是在以后的40年中神奇地支持着半导体工业发展的摩尔定律。后来，广为人知的18个月的说法是时任英特尔公司主管的大卫·豪斯的说法。

1975年，摩尔对摩尔定律进行了更加精确的修正：半导体集成电路的密度以及性能，每两年翻一番。同牛顿定律不同，摩尔30年后补充说道："我并不希望这个推论有多么精确，我只是试图让人们知道未来半导体技术是什么样子的，希望我们能向着这个目标而努力。"摩尔定律不是一个自然科学定律，而是一条融自然科学、高技术、经济学、社会学等学科为一体的多学科、开放性的规律。摩尔定律所带来的经济学效益，已经完全成为英特尔公司发展的潜在驱动力。

半导体总是讲究越小越好，在摩尔定律的激励下，英特尔已经投入量产应用的制程技术，可以印制出比病毒还小的电路——比人类的头发细1000倍，同5个原子的高度差不多。半导体总是讲究越多越好，英特尔半导体芯片的复杂程度持续攀升：摩尔发表摩尔定律的时候每个集成电路中包含大约60个电子元件，而现在最新的英特尔安腾处理器集成了17亿个晶体管。半导体总是讲究越便宜越好，半导体的世界中，越便宜的就是越好的。在1968年，集成电路中平均每个晶体管的成本是1美元，截止到2004年，每个晶体管的成本不超过0.000001美元，而这个价格同在报纸上印制一个单词的成本差不多。性能的提升、功能的增加、成本的下降使得半导体芯片应用到广泛的领域中：从数字电话到个人电脑到股票交易所到太空飞船。而驱动这一切的都是40年前发表在《电子杂志》第114页的那篇文章。

在摩尔定律的神奇激励下，现在计算机的计算能力已经相当强大，足以支撑我们这个大数据时代的数据分析工作。而另外两个问题则给大数据分析的未来带来了不确定因素。一个是摩尔定律的失效，另一个则是安迪-比尔定律。

2013年12月，美国通信芯片厂商博通创始人亨利·萨姆利表示，对于提升速度、降低功耗以及降低成本，芯片厂商暂时做不到三者兼顾，而只能专注于其中两方面。推动摩尔定律向前发展需要更复杂的制造技术，这样的技术本身成本昂贵，因此削弱了芯片换代带来的成本优势。现在的芯片制造工艺虽然本身仍有提升空间，但在未来15年中也将面临瓶颈。在进行3次换代后，芯片制造工艺将达到5纳米。在这样的情况下，每个晶体管栅极从头至尾的长度仅为10个原子。在此基础上，进一步发展是不可能的。他的观点代表了很多业内人士的看法。

这对大数据来说不是一个好消息。大数据正以不可思议的速度迅速增加着，未来需要处理的数据将越来越庞大，如果计算机的计算能力增长变慢，开始面临摩尔定律失效的问题，那么大数据分析也同样会受到影响。这个不好的消息之后是另一个不好的消息，这就是安迪-比尔定律。

安迪-比尔定律也是广为人知的一条定律。安迪-比尔并不是一个人名，而是指英特尔的前任CEO安迪·葛鲁夫和众所周知的微软前CEO、现任董事长比尔·盖茨。安迪-比尔定律具体指什么？用句俏皮话来说就是安迪给我多少，比尔就拿走多少。无论计算机的计算能力提升有多强，无论英特尔生产出多么厉害的CPU，微软总会用越来越臃肿的系统和软件统统吃掉增长的硬件性能，不管硬件性能提升多少，吃性能的新软件总能够化神奇为腐朽，导致在使用过程中新的计算机未必比旧的计算机更快。这就是安迪-比尔定律的本质。

无论摩尔定律拔高了多少硬件性能，人们都不得不年年掏钱升级新设备，这就是安迪-比尔定律的威力所在。

随着功能的加入和交互的革新，软件做得越来越大是很正常的事情。然而，软件臃肿化并不是单指软件体积膨胀，重点是软件增加的功能和变大的体积不成比例。安迪-比尔定律的主角是英特尔和微软，但其实在整个业界软件臃肿化十分普遍，无论是桌面平台还是移动平台，软件臃肿化的迹象都随处可见。当年微软推出VISTA时，硬件厂商特别是内存厂商都喜笑颜开，因为VISTA的前任XP仅仅依靠256M的内存就能很流畅，而VISTA在1G内存下才勉强达到；苹果的移动操作系统IOS4推出时只有600M不到，现在的IOS7已经1.3G；腾讯QQ当年只占几兆内存，现在什么都不做也占几十兆……整个大环境下，数据分析软件也免不了受到影响。

两条定律、三个名人，呈现出大数据时代的特殊烦恼。摩尔定律的失效和安迪-比尔定律的威力，都将使大数据分析面临一个问题：数据越来越庞大，越来越复杂，需要计算能力更加强大的计算机和功能更加强大的软件。而计算机硬件发展开始停滞不前，软件又变得更加臃肿和吃性能，计算机将面临计算危机。这无形中给未来大数据分析的发展蒙上了一层阴影。好在软件工程师和硬件工程师们都在极力寻找解决这些问题的办法，大数据分析的未来才显得依然光明。

# 第三章　爆发：大数据的力量

有没有一种办法，可以准确地预测某个人、某件事或某个群体的未来？人们一直在寻找着答案。从古至今，人们创造了很多办法去预测未来，古代有星象、棋牌、龟甲、掌纹、面相、生辰等各种占卜术，现代则有血型等。人们发明了如此多的理论来解释人类社会的各种现象并据此预测未来，但结果都不是很理想，人们是如何慢慢看清这些事物内在的规律的呢？

# 七、怎么准确预测未来

## 布朗运动与人类活动

某一个人看似毫无规则的行为是不是符合某种规律？在同一种文化或同一个国家的人们，整体上有没有规律可循？我们能不能找到这么一种规律，从而预测某个人、某群人、某个国家的未来呢？科学家们一直对此很感兴趣。

开始时，人们普遍认为一个人的行为是没法预测的，今天想吃什么菜、会去哪里、和谁打电话、穿什么衣服，似乎很多时候都是心血来潮、瞬间决定下来的事情。如果把一个人的行为看作一个微粒的话，他的轨迹看着就像是在做无规则运动。

墨汁在水中的布朗运动

1827年夏天，英国著名的植物学家罗伯特·布朗正在探讨花粉在植物受精过程中的功能。布朗从一朵硕大的鲜花中小心翼翼地取下花粉。为了不让花粉被吹散，他把花粉浸泡在水中，然后放到显微镜下观察。显微镜下花粉分裂出的微粒中，有些是圆筒形的。布朗觉得这些圆筒形的微粒可能与植物受精有关，便注视着它们，以便弄清受精的秘密。

布朗发现，这些微粒全部都在运动着，而且似乎毫无规律。他对这一现象百思不得其解。为了搞清这究竟是怎么回事，布朗又将熟透的花粉囊中的花粉取出来，把它们浸泡在水中，放在显微镜下观察。这一次观察到的现象使他更为惊奇：比圆筒状微粒更小的圆形微粒，运动得更为剧烈！

意外的发现使布朗把研究方向转向花粉微粒的奇异运动。“其他微粒也能发生这种现象吗？”布朗产生了这样的疑问。他把苔类的叶子弄碎，泡在水里，在显微镜下同样看到了微粒的运动。他又把可以取得的有机物作为观察的对象，结果还是一样。这使布朗十分兴奋。

布朗推想：有机物是这样，无机物应该也是如此。于是，他做了很多实验验证：把玻璃片弄碎，把一些岩石磨成细粉，又取来石墨等，将它们分别置于水中，一一放在显微镜下观察，结果发现所有微粒在水中都在杂乱无章地运动着。

布朗的发现震惊了科学界，微粒在水中的运动被称为“布朗运动”。当然，受当时科学水平的限制，这一现象是无法解释的，但它吸引着科学家们去探索其中的奥秘。

功夫不负有心人，36年后德国科学家维纳指出布朗运动与水分子的存在有关。这使科学家们研究的兴趣更加浓厚。就连爱因斯坦也参与了关于布朗运动的研究。1905年，大科学家爱因斯坦写了一篇被广泛引用的论文，从理论上解释了布朗运动，他的研究也成为分子运动论和统计力学发展的基础，那一年爱因斯坦还写了另外两篇更著名的论文，一篇是狭义相对论，一篇是光电效应。有趣的是，爱因斯坦提出这个理论，却并不清楚这个理论一定与布朗运动有关。法国物理学家佩林根据爱因斯坦的研究成果做了几年的实验，算出了水分子的大小，终于证明爱因斯坦的公式是对的，他因此获得1926年的诺贝尔物理学奖。

布朗通过实验证明了这些粒子的运动不是自发的，却无法解释为什么这些粒子会做这种无规则的运动。不过在爱因斯坦的论文发表之前，还有一个人也从理论上对随机运动进行了研究，1900年，法国数学家巴契里耶完成了自己的博士论文《投机理论》，这篇论文是历史上第一次有人尝试使用严谨的数学工具研究并解释股市的运动，巴契里耶所推导的公式也领先于爱因斯坦的研究，他认为市场价格同时反映过去、现在和将来，但这些事件与价格变动没有明显的关系。股价就像液体中的花粉受到周围投资者买卖的碰撞而呈现出波动，波动的范围与时间的平方根成正比。巴契里耶原创性的研究可以说是财务学的鼻祖，尽管他生前并没有太大名气，就是这篇论文也未能得到最优评级，而且论文原稿还遗失了，直到20世纪50年代才被另一个统计学家意外地发现。

很长一段时间，人们认为人类及人类社会的行为和布朗运动是很相似的，人们和悬浮在水中的花粉微粒其实没有什么不同之处，绝大部分的人一生之中都是在运动着的。每个人就像一粒花粉一样，被这个社会生活网络里产生的一系列任务、责任以及动机、我们不熟知的潜意识、神经元的颤动等所驱使着，做着看似毫无规则的运动。

然而，在大数据时代，这个观点被完全推翻。通过对个人及社会的数据分析，分析师们发现，无论是个人还是群体，人们的行动并不是毫无规律的，甚至是非常有规律的，只是这个规律很难直观地被观察到罢了。大数据专家巴拉巴西甚至在《爆发：大数据时代预见未来的新思维》一书中断言：“人类93%的行为都是可以预测的。”在大数据时代，很多新工具可以追踪人类的活动，根据累积的活动数据便可预测一个人或一个群体在未来一段时间里将要进行的活动。

## 一条新闻的半衰期

除布朗运动外，还有一个理论也曾用来预测人类的行为，这就是“半衰期”。

半衰期是什么？这本来是一个物理和化学名词。一定量的放射性元素在单位时间内自发地发生衰变的次数，称作该放射性元素的活度，而放射性元素的活度减少至原有值的一半所需的时间，称为半衰期。换言之，半衰期是指某个样品中一半的原子核发生衰变所需的时间。不同放射性元素的半衰期差异很大，短的只有几天、几小时、几分钟，甚至不到一秒钟，长的却可达几千年、几万年，甚至是几亿年、几十亿年。例如，碘131的半衰期约为8天，铯137为30年，碳14为5730年，钚239为24000年，铀238则为44.7亿年。

在互联网里，人们把一种与之相似的规律也称为“半衰期”。统计物理学家的最新研究发现，每条网络新闻的阅读量有一半是在发布36小时内达成的，之后读的人便越来越少，直到没有人再阅读。研究人员利用自动分配cookie研究了匈牙利某个新闻和娱乐门户网站，研究了大约25万人在一个多月里的访问模式。研究发现，网站处于外壳之内的部分能够得到稳定的访问人数，而一篇新闻在刚刚发布后获得的访问人数最多。

研究人员计算了新闻的半衰期，也就是访问人数达到最终总访问人数一半的时间，发现半衰期的分布遵从指数规律，绝大多数新闻的生命期很短，但是也有一些在相当长时间后仍然有人访问，而平均半衰期为36小时，这比简单模型的预测要长。

这意味着如果一个人不在新闻发布的时候查看就很容易错过新闻，因此出版商愿意提供电子邮件提醒功能。研究还表明，用户阅读一个网页不仅因为它有趣，还因为能够很容易地访问。尽管半衰期随网站类型不同而有所变化，指数下降规律应该是普适的，因为这与内容无关。

不仅是新闻具有这种特性，科技文献的老化也呈现出这样的特征。

为了衡量科学文献的老化速度和程度，定量地揭示文献老化的规律，1958年，英国著名学者贝尔纳借用物理学中放射性物质的衰变性质，生动地描述了科技文献的老化问题，并首次提出了科技文献半衰期的概念，以此作为衡量已发表文献的老化程度指标。所谓文献的“半衰期”是指在该时期内，已发表的某一学科或领域内尚在被利用的全部文献的一半。国内外许多学者对文献老化半衰期进行了广泛的研究，并提出了许多不同的数学模型。

半衰期这个理论模型在很多领域都得到了应用，在预测人类行为时却并不是那么有效。半衰期理论用于解释人类行为，就像一件不合身的衣服穿在身上一样，有些地方可能合适，而有些地方不是松了就是紧了。我们的行为并不完全是根据半衰期来进行的。比如我们可能玩某个游戏，开始时被吸引，每天花好几个小时玩，后来新鲜感退去，玩的时间越来越短，这个可能用半衰期是可以解释的。但是，另一些例子无法解释，比如我们可能一周甚至两周不整理房间，然后自己完全受不了了，花上一整天的时间收拾房间，而不是第一天花一个小时整理房间，第二天花半个小时整理。又比如，我们可能两个月都没有和某个朋友打电话联系，而突然遇到某件事情需要请教他时就跟他聊上两个小时。人类的行为似乎有很多是心血来潮的，完全不遵循半衰期的模型。

还有很多类似于布朗运动和半衰期的理论模型，在提出后都没能完美地解释人类行为。那么，人类行为到底是如何得到预测的呢？

# 八、长尾理论

## 多少个汉字才够用

1932年，哈佛大学语言学专家G.K.齐普夫在研究英文单词出现的频率时，发现如果把单词出现的频率按由大到小的顺序排列，每个单词出现的频率与它的名次的常数次幂存在简单的反比关系，这种分布又被称为“Zipf单词定律”，它表明在英语单词中，只有极少数的词被经常使用，而绝大多数词很少被使用。实际上，包括汉语在内的许多国家的语言都有这种特点。

英文单词特征是这样，那么换成汉语又是怎样的呢？

2005年，有一则题为《我国常用汉字有多少》的新闻报道很有意思，全文是这样的：

教育部、国家语委首次向社会发布《2005年中国语言状况报告》显示，我国常用汉字在减少。此次调查平面媒体、有声媒体、网络媒体文本文件890多万，总共9亿字次，其中汉字是7亿多，但发现媒体用汉字8225个，平面媒体、有声媒体和网络媒体三者共同的汉字是5607个。581个汉字就可以覆盖其中的80%，当覆盖率达99%的时候只需2315个字。一个人如果掌握10000多条词语、900多个汉字，就可以阅读90%左右的出版物。

一个小学生大约掌握的汉字为2800个，这篇报道无疑告诉我们，一个小学生在阅读90%以上的出版物时不会出现生僻字。国家1988年公布的《现代汉语常用字表》选收了2500个常用字、1000个次常用字，总共只有3500字，数量上并没有超过最初的文字甲骨文。那么，汉字总数到底有多少呢？

中国汉字总量是多少，并没有一个统一的说法。有“总汇汉字之大成”评价的《康熙字典》在书后附有《补遗》，尽收冷僻字，再附《备考》，又有音无义或音义全无之字，收录的汉字是4万多个。1994年出版的《中华字海》收录87019个汉字，而已经通过专家鉴定的北京国安咨询设备公司的汉字字库，收录有出处的汉字91251个，据称是全国最全的字库。

按照常用汉字为3000个、汉字总数为90000个来计算，只有1/30的汉字为常用汉字。《毛泽东选集》5卷本使用的不同汉字也只有2000多个。《小学语文大纲》规定学生应该认识3000个汉字，如果掌握了1800多个汉字，也就可以脱盲了。

看来，汉字和英文单词一样，也是符合上面提到的单词定律的。

19世纪意大利经济学家帕累托研究了个人收入的统计分布，发现少数人的收入远多于大多数人的收入，最后受启发提出著名的“二八法则”，即两成的总人口占据了八成的社会总财富，剩下的八成人口一共只占据两成的社会总财富。用数学语言来说，就是个人收入X不小于某个特定值x的概率与x的常数次幂亦存在简单的反比关系。这个法则被称为帕累托定律。

单词定律与帕累托定律一样，都是简单的幂函数，我们称之为幂律分布。还有其他形式的幂律分布，像名次—规模分布，规模—概率分布，这几种形式在数学上是等价的。

实际上，幂律分布广泛存在于物理学、地球与行星科学、计算机科学、生物学、生态学、人口统计学与社会科学、经济与金融学等众多领域中，且表现形式多种多样。在自然界与日常生活中，包括地震规模大小的分布（古登堡—里希特定律），月球表面上月坑直径的分布，行星间碎片大小的分布，太阳耀斑强度的分布，计算机文件大小的分布，战争规模的分布，人类语言中单词频率的分布，大多数国家姓氏的分布，科学家撰写的论文数的分布，论文被引用的次数的分布，网页被点击次数的分布，书籍及唱片的销售册数或张数的分布，每类生物中物种数的分布，甚至电影所获得的奥斯卡奖项数的分布等，都是典型的幂律分布。

无论是新浪微博账户的粉丝量还是视频网站里某段视频的点击量，这些都是遵循幂律分布的。极少数人的微博能得到数以百万计的转发量，极少数人拥有数以千万计的粉丝，极少数的视频得到了上千万次的播放。

统计物理学家习惯于把服从幂律分布的现象称为无标度现象，即系统中个体的尺度相差悬殊，缺乏一个优选的规模。凡有生命，有进化，有竞争的地方都会出现不同程度的无标度现象。

## 亚马逊的尾巴

亚马逊是世界上销售量最大的零售书店，提供310万册不同的图书品种，比全球任何一家书店的存书要多15倍以上。而实现这一切既不需要庞大的建筑，也不需要众多的工作人员，亚马逊书店的1600名员工人均销售额为37.5万美元，比全球最大的拥有2.7万名员工的巴诺书店高3倍以上。这一切是怎么实现的呢？

先撇开这个不谈，我们来说另一个故事。

1988年，英国一名登山家写了一本名叫《触摸巅峰》的书，该书讲述了在秘鲁安第斯山脉发生的一次与死神擦肩而过的登山事故。这本书颇受好评，但不太畅销，并很快就被人们淡忘了。可10年后，有趣的事发生了。登山家的另一部描写登山悲剧的书《进入稀薄空气》成为畅销书，突然间读者又开始对《触摸巅峰》产生了兴趣。

为满足读者要求，出版社立刻再版了这本书，销售商把这本书放到正在畅销的《进入稀薄空气》旁边来进行宣传促销，结果《触摸巅峰》越卖越火。第二年一月，该书的简装版再版，并连续高居《纽约时报》

畅销书排行榜14周之久。到现在，《触摸巅峰》的销售量居然超过《进入稀薄空气》一倍还多。

为什么出版社会做出再版一本很多年前就不畅销的书的决定？到底发生了什么呢？其实，这背后都是亚马逊的力量的体现。开头的问题现在可以回答了。亚马逊的网上商城能采集各种不同的数据，根据数据分析出很多信息，比如亚马逊通过分析发现，很多喜欢《进入稀薄空气》的读者也喜欢《触摸巅峰》，于是向购买《进入稀薄空气》的所有读者推荐了《触摸巅峰》。而不少读者接受了推荐，也觉得受推荐的《触摸巅峰》很不错。一时间，网站的留言里好评爆满，《触摸巅峰》销量进一步增加，这就带来了更多的好评，于是形成了一个良性循环。

在《进入稀薄空气》出版时，《触摸巅峰》几乎已经绝版，很少有人知道这本书的存在。就算再往前几年，读过《触摸巅峰》的人也没有几个，而亚马逊彻底改变了这本书的命运。

2004年10月，美国《连线》杂志总编辑克里斯·安德森在一篇文章中提出了一个名字很怪的理论：长尾理论。安德森是个对数字很敏感的人，他喜欢从数字中发现趋势。在一次谈话中，eCast的CEO范·阿迪布告诉安德森，他从数字音乐点唱数字统计中发现了一个秘密：听众对98的非热门音乐有着无限的需求，非热门的音乐集合市场无比巨大，无边无际。几乎所有的音乐都会被收听！他把这称为“98法则”。安德森意识到阿迪布那个有悖常识的“98法则”隐含着一个强大的真理。于是，他系统研究了许多互联网零售商的销售数据，并与沃尔玛等传统零售商的销售数据进行了对比，观察到一种符合统计规律（大数定律）的现象。这种现象恰如数量、品种二维坐标系上的一条需求曲线，拖着长长的尾巴，向代表品种的横轴尽头延伸，长尾由此得名。

《长尾》在2004年10月号《连线》发表后，迅速成了这家杂志历史上被引用最多的一篇文章。特别是经过吸纳无边界智慧的博客平台，不断丰富着新的素材和案例。安德森沉浸其中不能自拔，打造出一本影响商业世界的畅销书《长尾理论》。

长尾理论其实就是幂律分布的一个口语化、形象化的表达，“长尾”是一个很形象的比喻。长尾理论认为，由于成本和效率的因素，过去人们只能关注重要的人或事，如果用正态分布曲线来描绘这些人或事，人们只能关注曲线的“头部”，而将处于曲线“尾部”、需要更多的精力和成本才能关注到的大多数人或事忽略。当商品储存流通展示的场地和渠道足够宽广，商品生产成本急剧下降以至于个人都可以进行生产，并且商品的销售成本急剧降低时，几乎任何以前看似需求极低的产品，只要有卖，都会有人买。这些需求和销量不高的产品所占据的共同市场份额，可以和主流产品的市场份额相比，甚至更大。

亚马逊便是这个理论实践的完美典范，它就像一只拖着长长尾巴的蜥蜴一样，将其他的书店远远抛在后面。亚马逊采取“按需印刷”的策略：小众图书在未有订购之前采用电子书格式推出，而大众图书的集中库存采用一般书店的库存方法，使得一本书的库存成本不到传统书店的1/20。

蜥蜴

从1999年开始，亚马逊开始向其他商家提供服务，从书店到个人，任何规模的零售商和分销商都可以把自己的产品放到亚马逊上销售，就像亚马逊自己的商品一样陈列。到2004年年底，已经有超过10万个市集卖家加入亚马逊，而且这些第三方商家的销售额占到亚马逊总销售额的近40%。

谷歌则是另一个典型的长尾公司，很多人想到的往往是它的搜索页面里出现的“goooooooole”字样。谷歌的成长历程就是把广告商和出版商的长尾商业化的过程。以占据了谷歌半壁江山的AdSense为例，它面向的客户是数以百万计的中小型网站和个人——对于普通的媒体和广告商而言，这个群体的价值微小得简直不值一提，但是谷歌通过为其提供个性化定制的广告服务，将这些数量众多的群体汇集起来，获得了非常可观的经济利润。2013年5月，谷歌的市值已超过3000亿美元，被认为是“最有价值的媒体公司”，远远超过了那些传统的老牌传媒。

长尾真正令人吃惊之处在于它的数量。将长尾上足够的非流行累加起来，就会形成一个比流行还要大的市场。亚马逊有超过一半的销售量都来自在它排行榜上位于13万名开外的图书。如果以亚马逊的统计数据为依据的话，这就意味着那些不在一般书店里出售的图书要比那些摆在书店书架上的图书形成的市场更大。也就是说，如果我们能够摆脱资源稀缺的限制，潜在的图书市场将至少扩大一倍。风险投资家科文·劳斯曾用一句话总结这个现象：最大的财富孕育于最小的销售。这句话真实反映出亚马逊利用长尾理论的成功。

# 九、一切源于爆发

## 黑天鹅的世界

俗话说“天下乌鸦一般黑”，这句话一般用来说明各地的坏人坏事都差不多，到处都是一样黑暗的。可是，在湖北省西部，有一个神奇的地方叫作神农架，那里有一个国家级森林及野生动物类型自然保护区和一个国家湿地公园，那里的人们会告诉你，这句话是错的。因为那里有全身都是白色羽毛的乌鸦。

无独有偶，在发现澳大利亚的黑天鹅之前，欧洲人认为天鹅都是白色的，甚至从来没有想过天鹅有黑色的可能性。“黑天鹅”曾经是欧洲

黑天鹅

人言谈与写作中的惯用语，用来指不可能存在的事物。最后，人们在澳大利亚发现全身黑色羽毛的天鹅。欧洲人非常震惊，在确认这不是玩笑之后，“黑天鹅”这个惯用语的意思也发生了变化，从“不可能存在的事物”变成“非常小概率却依然发生了的事情”，相对应的，“黑天鹅事件”则用来隐喻那些极为罕见、出人意料、毫无征兆、发生后产生极端影响的事件。

这个世界是一个幂律分布的世界，这是一个经常发生超乎想象的事件的世界。那些看上去罕见和不可能的事件出现的次数比人们想的还要多。人的想法通常受限于其所见、所知，但是，实际的情况比人认知的更复杂、更不可预知。人类总是过度相信经验，而不知道一只黑天鹅的出现就足以颠覆一切。然而，无论是在对股市的预期还是政府的决策中，黑天鹅都是无法预测的。泰坦尼克号的沉没、美国的“9·11”事件、中国的汶川大地震都是黑天鹅事件。生活中，随机性随处可见，在资本市场也是一样。

2013年8月16日，中国A股市场出现了戏剧性的惊人一幕，大盘不温

泰坦尼克号

不火的走势在上午11点突然出现异动，沪深300成分股中国石油、中国石化以及14只银行股等71股先后在瞬间被拉升至涨停板，沪指迅速翻红，最高涨达6.52%冲击2200点。下午，光大证券先是发布临时停牌公告，随后发布公告称：光大证券股份有限公司策略投资部门自营业务在使用其独立的套利系统时出现问题，公司正在进行相关核查和处置工作。公司其他经营活动保持正常。这起被称为“光大乌龙指”的事件引发整个证券市场的巨大波动，甚至引起全球媒体的关注，这在国内还是第一回。而同样是乌龙指，2010年5月6日下午2时47分左右，美国一名交易员在卖出股票时敲错了一个字母，将100万误打成10亿，导致道·琼斯指数突然出现千点的暴跌。虽然出错的是交易员，但美国众多证券机构普遍使用的套利系统出现了自动的操作，引发了指数的千点暴跌。

这两件事情都显示了“黑天鹅”的威力。那么“黑天鹅”和正常的正态分布有什么不同呢？举一个例子就能明白幂律分布与正态分布的区别：一个屋子内有100个人，姚明走了进去，平均身高并不会有太大变化，而当比尔·盖茨走进去后，整个屋子的人都“平均”成了千万富翁。为什么会这样呢？因为就人的身高呈现出的正态分布而言，人的财富就呈幂律分布，而比尔·盖茨的财富就成了“黑天鹅”。如果按正态分布来计算，2008年的金融风暴200万年才会遇到一次，而事实是这样的，黑天鹅事件每隔几年就会出现，而真正决定我们命运的正是那些黑天鹅事件。

## 随机是一种错觉

让无数个没有思想的猴子没完没了地坐在打字机前乱敲字键，只要给它们足够的时间，它们也能敲打出一部《莎士比亚全集》来。这个假设由18世纪英国生物学家赫胥黎提出来后，便一直让科学家们着迷。这个说法在数学上是能自圆其说的，让所有字母一直随机排序排下

猴子打字

去，确实可能排列出一部《莎士比亚全集》的，虽然概率小得可以忽略不计。

在美国动画情景喜剧《辛普森一家》中，资本家伯恩斯先生把霍默带到他的豪宅中，宅邸的一个房屋里1000只猴子正在1000台打字机前打着字，伯恩斯先生拿起其中一只猴子打出的字句，发现写的是：It was the best of times，it was blurst of times（原句是狄更斯的It was the best of times，it was worst of times）。虽然猴子写错了狄更斯的名句，但是它好歹写出了一个完整的句子，那么无限只猴子是否真的能打出莎士比亚的著作呢?

现实中，猴子打出一篇完整的文章的概率几乎是0，这是因为现实中我们很难实现“无限”这个条件。后来一个软件开发者想到将很多电脑连接在一起，通过软件来模拟猴子们在打字机前打字的情形。虚拟化的猴子会随意敲出键盘上任意一个字符，然后它们敲出的“作品”会由计算机拿来与莎士比亚的著作进行单词对比，如果对比通过，就说明虚拟猴子写出了莎士比亚著作中的一个词组。

**虚拟猴子完成比例表**

| 书名 | 完成比例 | 完成的总字符 | 总字符数 |
| --- | --- | --- | --- |
| 《莎士比亚全集》 | 51.31% | 1896400 | 3696348 |
| 《仲夏夜之梦》 | 49.83% | 37033 | 74312 |
| 《情人的委屈》 | 47.80% | 5555 | 11621 |
| 《终成眷属》 | 49.15% | 50586 | 102917 |
| 《皆大欢喜》 | 50.05% | 47600 | 95100 |
| 《亨利八世》 | 49.75% | 55413 | 111393 |
| 《无事生非》 | 49.83% | 45694 | 91707 |
| …… | …… | …… | …… |

莎士比亚的所有著作都来自一个免费电子书网站，只要有字符匹配，代表相应著作的图片上的相应位置会变绿，白色的代表虚拟猴子还未打出匹配的字符。在云电脑上的虚拟猴子的数据每30分钟会更新一次，现在虚拟猴子们已经完成几乎一半的莎士比亚著作了，当然这里指的是打出莎士比亚著作中出现的一半单词或词组，而不是单词按照一定顺序排列完成的作品。

那么，如果换成真的猴子，实验结果会怎么样呢？还真有人做过这么一个实验。

普利茅斯大学从事传播学研究的师生在英国艺术委员会的支持下，在佩根顿动物园对6只苏拉威西短尾猴的文学素养进行了测试。他们将一台电脑“借给”6只短尾猴，没一会儿，领头的那只雄性猴王就操起一块大石头，照着电脑劈里啪啦一顿猛砸。而另一只小猴子的态度则友善得多——它不声不响地坐到键盘上，似乎是在思考什么问题。结果发现，它只是在那上面撒了一泡尿，八成这小家伙是把电脑当成新式高科技马桶了。一个月的时间过去了，好在最终这6只猴子还是打出了长达5页纸的文字交差，不过研究者发现猴子们的“作品”没有任何文学价值。这段“猴文”中出现得最多的字母是S，此外还有少量字母A、J、L和M穿插其间。看来它们连一个像样的单词都敲不出，猴子的杰作在信息学意义上只能为零。无论给它们多长时间，无论它们创作出多少个零来，其结果都是毫无意义的。

设计这项试验的普利茅斯大学媒体实验室讲师杰奥夫·考克斯说："开展这项试验是为了说明动物和机器的不同，动物不能被还原到像计算机那样进行随机处理的水平。"

事实上，我们生活中经历的大部分事件都不是随机发生的，很多看上去毫无规律的随机事件都只是人们的错觉。生命在所有时间尺度内都是具有爆发式的——从几毫秒到几小时的细胞活动，从几分钟到几周的人类活动，从几周到几年的疾病来袭，还有从几千年到几百万年的进化过程。爆发式是生命奇迹的必要因素，显示出生物为了适应和存活会进行不懈的斗争。

一般情况下，基础科学转化成实际应用需要走的路很长。20世纪的科学奇迹量子力学在近半个世纪以来都没有发挥什么实际作用，直到发明晶体管才打破了这种僵局。同样，尽管人类基因组的解码引发了医学革命，但10年后市面上的所有药品还是通过基因组发现之前所使用的试错法研制出来的。

我们越是发现自己的身体细胞容易出现问题，就越觉得我们能经常保持健康是个奇迹。但一想到两个蛋白质找到彼此的可能性要比你和最好的朋友各自在北京的胡同里闲逛时奇妙地相遇的可能性还要小得多，你可能不禁会问：我们的基因为何会做得如此成功呢?

这确实是一个很难回答的问题，不仅仅是普通人想不明白，就连生物学家也一直对细胞协调众多基因、蛋白质、代谢物以及构成组织的RNA分子的能力感到不可思议。我们之所以对这个过程知之甚少，主要是因为细胞实在是太微小了，要想像逛故宫一样仔细地探究细胞的内部世界，真的不是一件很容易的事情。

在另外一个完全不同的时代和领域里，达尔文猜测每个新物种的出现都是一个渐进的过程，现有物种孕育出多少有些差异的后代需要经历一个漫长的过程。但这种连续变化的证据不仅过去少有，就算是现在也很少见，因而达尔文称证据的缺少是“对我的理论的最有力的反驳”，因为没有证据的话，达尔文的学说不过是一种合乎逻辑的假想。

实际上，几百万年前的化石几乎没有显示出进化改变。大致每隔几万年就会出现一种新物种，这跟进化的时间相比简直犹如一瞬。进化具有爆发式，这在一代又一代的化石中都有记录。在颇感奇妙的同时，这些发现也引出了一系列难解的谜题。首先，如果不是决定和优先级设定产生了爆发式，那么为什么爆发式会出现在这么多系统中？我们能够解释这种普遍性吗？

知识似乎也具有爆发式，一个灵感的火花可能照亮几个世纪以来都未明了的混沌。一旦我们找到一个解决办法，我们真能解决所有问题，还是仅仅引发了更多问题？这两个问题不矛盾，因为很多思想或科学上的大变革带给人的启迪总是多于禁锢。

大多情况下，我们只看到成功者，而由此形成了对机遇的歪曲看法，比如说我们常会认为长得英俊漂亮的人薪水会比较高，其实这是因为我们经常只注意到那些薪水比较高的人，或者说那些薪水比较高的人容易被我们注意到罢了。

回到让猴子随机打出《莎士比亚全集》的问题，如果我们把这个推理往前推进一步：猴子中的大文豪已诞生，读者愿意拿毕生的积蓄去赌这只猴子能打出《莎士比亚全集》吗？一般推论上的一大问题是：靠资料做结论的人，往往比别人更快、更有信心地坠入这个陷阱中。我们拥有的资料越多，淹没在里面的可能性越高。略懂概率法则的人往往根据以下的原则做决定：一个人如果没有做对一些事情，就极不可能持续有很好的表现，因此绩效记录变得十分重要。他们探究表现成功的可能规则并且告诉自己，如果某人过去的表现优于他人，那么将来表现优于他人的概率也很高。但是一如以往，只懂少许概率知识比完全不懂概率的结局更惨。不可否认，假如某人过去的表现优于他人，便可推测他将来也可能有更好的表现。但是这种推测非常薄弱，以至于决策时一无可取。为什么？因为最重要的是两个因素：他从事工作的随机成分多少，以及有多少数目的猴子参与。起初的样本数有多少十分重要，如果总共只有几只猴子，那只打出《莎士比亚全集》的猴子肯定是值得刮目相看的。

# 第四章　大数据的商业营销

大数据时代，用户需求逐渐细分，市场越来越关注用户的个性化。而大数据可以凭借强大的数据分析，让企业对不同特征的用户群提供个性化服务，进行个性化营销。针对不同的客户，在不同的时间，说不同的话，做不同的营销，最终将用户群变成企业或产品的粉丝群。

# 十、大数据让营销更精准

## 更智能的广告

在你正边吃饭边看新闻时，电视里突然插播广告“贴肚脐治痔疮”，于是你胃口全无；在你和爸爸妈妈爱人孩子一起围在电视机前看电视剧时，电视里突然插播女性用品的广告，让大家都觉得很尴尬；在你被某个广告恶心到之后，你对这个品牌心生厌恶，从此这个品牌进入你的黑名单……以上这些情景，你有没有遇到过？

我们应该都多多少少地遇到过吧？电视节目里的广告可不就是这样嘛。不管电视机前坐着怎样的人做着怎样的事，广告都会“一视同仁”地出现在每个收看同一个电视台的人的视线中。广告播出时，没有任何办法更有效地把它传递给真正需要这些广告信息的人；广告过去后，也没有一个很好的办法去了解广告播出后的效果。随着大数据时代的悄然到来，这些都将成为过去，互联网精准广告的时代迎来了曙光。炙手可热的大数据正在全球掀起一场智能广告革命，那些无孔不入的广告不再出自大牌广告公司艺术总监或创意师之手，而是来自自动生成的智能系统。

2012年，Facebook的广告收入攀升到43亿美元。Facebook打造了一个能取代传统广告代理公司的高精准的广告系统，即广告客户只需将数万张产品照片上传至数据库，一旦相关用户登录Facebook，系统便会根据该用户的兴趣特点自动生成相关广告，投放的依据是对用户“关系图谱”的数据分析。

全球畅销书《社会消费网络营销》作者拉里·韦伯指出：“所谓大数据，包括企业信息化的用户交易、社会化媒体中用户的行为、关系以及无线互联网中的地理位置数据。”大数据捕捉到社交网络中“人”的踪迹，而智能广告则利用数据追踪、研究、理解“人”，从而选择“对的人”与“对的时机”。有关这一点，英国当代数学家及人类学家托马斯·克伦普在《数字人类学》一书中这样写道：“数字的本质是人，数据挖掘就是在分析人类族群自身。”

2010年，爱立信公司为世博会组委会提供人流信息的服务，即通过运营商无线网络上的信息判断人流密度。爱立信中国CMO（Chief Marketing Officer，首席市场官）常刚说：“这种监测数据正在被运用到更多的商业应用中。比如有人要在中关村地区开餐馆，那么选择一个人流比较集中的路段获取数据，就能分析出什么时间、什么位置、什么样的人群会出现在中关村，从而为餐馆选址与营销定位提供建议。”

如今这样的应用正被运用到诸如麦当劳这样的快餐巨头的商业选址中。这只是大数据服务于营销决策的一种应用。

铺天盖地的广告轰炸不再是市场营销必要的战术安排。2012年，长得酷似香蕉的“笨NANA”成为雀巢大中华区销售排名第二的明星单品。雀巢将此归结为社交媒体上对笨NANA的热议让其得以摆脱以往铺天盖地播放电视广告的营销方式：在产品上市5个月前，雀巢通过微博上的趣味话题引导人们对于笨NANA的讨论。雀巢大中华区市场推广副总裁马凯铎认为，“现在的客户服务已转向社交网络，企业微博可以让雀巢在线倾听消费者的不满，如果觉得这种抱怨很合理，公司就会立刻联络消费者解决问题”。

事实上，大数据正在改变整个市场营销行业的工作方式：理解消费者背后的海量数据，挖掘用户需求，提供跨平台的个性化营销解决方案。就像人们看到的那样，大数据让社交广告变得更加流行。美国某市场调研公司预计，社交网络广告客户2012年将投入77.2亿美元，投放的广告包括社交网站广告、社交游戏和应用程序内广告。据预测，到2014

年，全球社交网络广告总收入将接近120亿美元。

在社交媒体领域，智能广告不再是“广告”，而会变身为“故事”或者“游戏”。为了营销笨NANA，雀巢在腾讯游戏平台上定制了多款Flash游戏。雀巢大中华区冰淇淋业务及品牌发展经理翟威尔说，在笨NANA岛上的“神奇游戏”中，笨NANA是作为小猴子穿越丛林的重要食物出现的。从形式上，智能广告正在变得更加无形与互动，更多的用户自发性的智慧是由大数据衍生出来的，并最终形成营销上的创意。

在互动广告上，耐克一直走在创意前沿。耐克曾在微信上发起了这样的经典活动：用户上传一张自己喜欢的鞋子样式的图片，耐克会根据图片帮用户生成相关图样，如果用户喜欢就可以直接支付，完成购买。这是真正的定制。在日本，Nike Free Run+跑鞋的用户只要打开电脑摄像头，模仿鞋子的造型做个鬼脸就能参加一个奖励计划，造型最夸张、最神似的作品会脱颖而出，获得耐克购物券。

《连线》杂志创始主编凯文·凯利认为，在智能媒体时代，消费者的创意形成了一个庞大的智能网络，这是群体智慧，也成为企业创意的源头。在挖掘群体智慧的同时，社交媒体也正在通过挖掘用户数据制定针对性的沟通策略。用户所发表的评论及上传的图片、音乐、视频等，这其中就蕴含着用户消费倾向。正因为如此，通过社交网络定向投放广告成为必然的选择。在2012年伦敦奥运期间，耐克通过一个富媒体活动，分析用户账户与耐克微博的关系，为喜爱某种体育运动的用户提供对应运动的富媒体广告内容，对于那些没有关注特定运动的用户，耐克则会自动推送另一套广告。

没错，当人们分享得越多，就越能产生出更多的决策依据。社交网络正在想尽办法激发这种分享的热情。2011年12月，Facebook发布了一款名为Timeline的大数据产品，在用户即将注销的最后一刻，Facebook会根据Timeline数据进行分析，找到用户内心的想法，发起对注销页的改造，用情感化方式打动人。结果，Facebook成功将注销率降低了7%。

显然，企业与用户之间的交流方式正在发生巨大的改变，越来越多的企业正在主动拥抱这种变化。2012年9月，在调研机构对美国市场营销人员的一次访谈中，近2/3的受访者表示，推进他们在广告营销领域运用数据管理平台的动力来自挖掘大数据的需求。

来自社交网络的大数据系统正在彻底改变全球广告业，进而改变制造、零售、科技等各个行业。在信息爆炸时代，95%以上的信息都会被遗忘和过滤掉，只有很少的零散信息被人们记住。而在智能广告时代，社交媒体不仅是让人们记住来自圈子的推荐信息、新闻话题、情感故事，更重要的是催生人们潜在的消费需求，从而让人们的消费曲线变得可知。

## 塔吉特的“读心术”

塔吉特百货是美国的第二大超市。一天，一名男子闯入塔吉特的店铺，他怒吼道：“你们怎么能这样！竟然给我的女儿发婴儿尿片和童车的优惠券，她才17岁啊！”这家全美第二大的零售商居然会搞出如此大的乌龙？店铺经理觉得肯定是中间某个环节搞错了，于是立刻向来者道歉，并极力解释说：“那肯定是个误会。”然而，这位经理不知道，公司正在运行一套数据预测系统，男子的女儿会收到这样的优惠券，是一系列数据分析的结果。一个月后，那位父亲非常沮丧地打来电话道歉，因为塔吉特的广告并没有发错，他发现他女儿的确怀孕了。

在这名男子自己都还没有发觉的时候，塔吉特居然就已经知道他女儿怀孕了，为什么呢？难道塔吉特有神奇的读心术么？当然不是。这件事看起来非常不可思议，但背后是有规律可循的。

原来，孕妇对于零售商来说是一个含金量很高的顾客群体，商家都希望尽早发现怀孕的女性，并掌控她们的消费。塔吉特的统计师们通过对孕妇的消费习惯进行一次次的测试和数据分析得出一些非常有用的结论：孕妇在怀孕头3个月过后会购买大量无味的润肤露；有时在头20周，孕妇会补充如钙、镁、锌等营养素；孕妇都会购买肥皂和棉球，但当有人除了购买洗手液和毛巾以外，还突然开始大量采购无味肥皂和特大包装的棉球时，说明她们的预产期要来了。在塔吉特的数据库资料里，统计师们根据顾客的内在需求数据，精准地选出其中的25种商品，对这25种商品进行同步分析，基本上可以判断出哪些顾客是孕妇，甚至还可以进一步估算出她们的预产期，在最恰当的时候给她们寄去最符合她们需要的优惠券，满足她们最实际的需求。

塔吉特根据自己的数据分析结果，制订了全新的广告营销方案，而它的孕期用品销售呈现了爆炸式的增长。塔吉特将这项分析技术向其他各种细分客户群推广，取得了非常好的效果，从2002年到2010年，其销售额从440亿美元增长到670亿美元。这家成立于1961年的零售商能有今天的成功，数据分析功不可没。

那么，塔吉特是怎么收集数据的呢?

塔吉特会尽可能给每位顾客一个编号。无论顾客是刷信用卡、使用优惠券、填写调查问卷，还是邮寄退货单、打客服电话、开启广告邮件、访问官网……所有这一切行为都会记录进顾客的编号。这个编号会对号入座地记录下顾客的人口统计信息：年龄、婚姻状况、子女、住址、住址离塔吉特的车程、薪水、最近是否搬过家、信用卡情况、常访问的网址等。塔吉特还可以从其他相关机构那里购买顾客的其他信息，如种族、就业史、喜欢读的杂志、破产记录、婚姻史、购房记录、求学记录、阅读习惯等。这些看似凌乱的数据信息，在塔吉特的数据分析师手里，将转换出巨大的能量。

塔吉特并不知道孕妇开始怀孕的时间，但是，它利用相关模型找到了她们的购物规律，并以此判断某位女士可能怀孕了。这个案例揭示了企业对于数据应用的一个新阶段。企业不仅利用商品的相关性促销，进而利用事物的相关性预测消费者的消费活动。这种预测是利用事物的相关性来发现事情的变化规律的。

## 大数据与品牌代言

2013年，百事可乐的一则新广告格外引人注目，因为这一次为百事做品牌代言的是从《中国好声音》出道的歌手吴莫愁。很多人都纳闷，百事为什么会选她？从开始斟酌人选到最终定下吴莫愁，中间经过了怎样的考量和权衡？

百度副总裁曾良在一次活动中回答了这个问题。2013年11月15日，第六届金投赏国际创意节百度分论坛举行，百度副总裁曾良和知名歌手吴莫愁等人出现在现场。曾良以“大数据时代，营销是个技术活儿”为主题，跟大家分享了他的观点。他强调掌握和运用大数据对选择品牌代言人的重要性，还给自家打了广告：“找代言人不能只凭直觉，依靠百度大数据才是最靠谱的。”

为什么通过大数据找品牌代言人最靠谱？过去，营销对受众的分析考虑并不充分，广告主的印象和直觉在最终决策中占据着重要位置。而随着用户使用互联网习惯的变化，营销已经过了“粗放式”阶段，俨然是一门技术活。现在，广告主的印象和直觉已经不能成为决策的重要依据，足够灵敏的嗅觉配合精准定位的大数据分析，才能找到最适合自己品牌的代言人。

曾良向与会者分享了这个经典案例——百事成功牵手排名“2013年华语女歌手吸金榜”第一位的吴莫愁做品牌代言人。曾良从认知度、美誉度、相关性、差异性4个维度阐述了百事如何借助大数据优选这位吸金女王，以及百度的各类增值产品如何为实现双赢品牌代言提供服务。他还说，从百度指数、百度风云榜等数据得知，吴莫愁的关注度和知名度非常高，甚至超越了王菲、李代沫等热门人物。事实上，吴莫愁一出道便颇具争议，但从百度大数据来分析，这些争议仅限于每位观众对她不同的感觉，而不是她自身的负面信息或绯闻。百事查看这些数据后发现，吴莫愁具有相当多的美誉度，并且个性鲜明，带有很强的新生代正能量。这成为百事选择吴莫愁的另一个要素。

“有知名度和美誉度还不够，必须根据品牌特性找出有差异性和相关性的代言人。”曾良解释，例如百事借品牌探针工具捕捉到吴莫愁身上坚持自我、特立独行的气质，这非常符合百事的品牌调性。又通过百度司南了解到，北方出生的吴莫愁，其关注人群在北部城市明显偏多，因而可以在相应的地区加大广告投放力度。百度的一系列工具能帮助广告主找出独特且合适的代言人，以获得更突出的投放效果。

百度的大数据洞察分析促成百事最后签下这位有争议但又个性鲜明的歌坛新秀。从结果看，算得上是完美的双赢。百度的搜索及各垂直产品内相关数据显示，与百事签约后，2013年人气稍有回落的吴莫愁再度升温，形成又一个新的人气高峰。

“吴莫愁代言百事”的相关检索量快速攀升，从而带动了百事品牌关注度的增长。从百度搜索风云榜人物兴趣图谱来看，百事可乐与吴莫愁的相关度极高，也是吴莫愁代言过的众多品牌中唯一上榜的。曾良表示，“吴莫愁广告上线之后，为百事可乐贡献了很多新增搜索量及关注度。百度视频和百度音乐数据显示，吴莫愁的百事广告MV播放量已接近3亿次。百事与吴莫愁的合作，再次验证了选对代言人可以获得共赢的结果”。

随着互联网尤其是移动互联网的发展，消费者获取信息的方式呈现碎片化、主动化的特征。而要获得消费者的有效关注，就需要借助大数据。百度经营搜索引擎很多年，掌握了巨大的大数据金矿，海量的数据库能够储存网民的真实需求，这个金矿对于广告主洞察消费者有着重要的价值。这样的海量数据为企业做品牌建设和营销提供了良好的技术支撑。大数据时代，哪里都离不开大数据的应用。大数据时代的营销，绝对是个技术活。

# 十一、大数据的用户体验

## 用户体验的威力

1997年，乔布斯重返苹果公司。那时的苹果公司已经是奄奄一息，很多人认为苹果公司会在3个月内倒闭。戴尔公司创始人甚至建议苹果赶紧关门，将钱还给股东，别浪费钱。然而，苹果并没有关门，乔布斯慢慢地把苹果带回了正轨。2006年1月，苹果电脑的股票疯狂上涨了12%，使得公司股票市场总价值达到721.3亿美元，一举超过当时的电脑巨头戴尔的719.7亿美元。乔布斯终于可以扬眉吐气了，他向公司所有员工发了一封电子邮件，其中写道："同伴们，看起来迈克尔·戴尔先生并没有很好地预测苹果的未来，从今天的股票价格来看，苹果已经击败了戴尔。也许股票市场还会波动，不过今天仍然是值得纪念的一天。"2007年，苹果推出了闻名于世的iPhone，重新定义了智能手机，之后的几年，其他手机厂商的命运完全改变：诺基亚业绩滑坡严重，最终被微软收购；摩托罗拉一蹶不振，被谷歌收购……2010年，苹果推出了平板电脑iPad，虽说这不是第一款平板电脑，却是第一款真正走进千家万户的平板电脑，从此，平板电脑开始普及，人们进入乔布斯所说的"后PC时代"。1997年乔布斯回归苹果公司时，苹果公司的股价徘徊在5美元左右；在乔布斯回归之后的13年间，乔布斯把苹果带到了全球市值最高公司的位置，苹果公司的股价涨幅为70倍。是什么造就了苹果公司今天的辉煌？

主要是因为乔布斯追求完美的态度，他极度追求完美的产品用户体验。苹果的产品是个人工具，帮助个人解决问题。苹果一直是面向普通消费者的，以个人作为目标客户，而没有选择机构或企业。事实上，苹果公司也从来没有推出过一款成功的面向企业的产品，这也使得苹果公司对个人用户体验相当专注。甚至，在某种意义上可以说，苹果公司的成功来自苹果对人们如何使用电脑设备的透彻理解，以及开发“酷毙了的产品”的高度承诺。

作为一个生产电子数码产品的企业，苹果一直坚持的是满足消费者的体验需求，不断推出能更好满足消费者体验的产品。即使在产品非常畅销的时候，苹果也没有止步不前，依然推陈出新。从iPod到iPod Touch，从iPhone到iPhone5S，从iPad到iPad Air，苹果公司每一次产品升级，都大大提升了消费者的用户体验。在上一代iPod Touch、iPhone、iPad依然热销之际，苹果公司不断研发并连续推出新一代产品。作为一个高科技公司，苹果公司对产品创新和用户体验的追求从来没有改变过。

那么，问题来了，到底什么是用户体验？为什么苹果对用户体验如此关注？在大数据时代，我们要通过怎样的方式提升用户体验？

用户体验是指人们对于正在使用或期望使用的产品、系统或者服务的认知印象和回应。事实上，现今大部分的公司早已从以产品为中心转为现在的以客户为中心。这样看来，用户体验的重要性就不用多说了。

比如，360公司董事长周鸿祎对公司员工多次强调，所有的员工要像“小白”一样思考，像专家一样行动。也就是说，他希望员工能将每一个潜在用户设想为电脑白痴，从而创造出最简便、最易操作的客户体验，反映在产品上的例子则是：你安装其他浏览器需要花费几分钟时间，而安装360浏览器只要一秒钟。这样，你享受到的用户体验更好，对于360这个品牌的亲切感也会相应提升。又比如，苏宁易购对电子商务业务一直雄心勃勃，但现在还是没办法战胜当当和京东，原因之一便输在用户体验上。京东的送货在全国20多个城市已经实现“211限时达”，意思是上午11点前提交订单当日送达，晚上11点前提交订单第二天上午送达。而此时，苏宁易购的送货速度还比不上一些单一的淘宝卖家，这样的用户体验自然不会很好，评价不会很高。

在越来越多的企业越来越关注用户体验设计的背后，不能忽视的是，我们已经进入大数据时代。在这样一个时代，消费者的行为和思维都发生了巨大变化，以前买个东西货比三家就算是很仔细很辛苦的了，现在客户鼠标轻轻一点，就能够货比万家，而且还可以从销量、信用评价、好评等多个维度来进行比较。这些现象让企业不能以和他们的祖辈父辈一样的方式去赚钱，而是需要进行更多的数据分析。在大数据时代，消费者和商家之间的关系发生了革命性的逆转。基于这样的对客户需求变化和社会化行为演变的深入思考，IBM甚至提出CEC（Chief Executive Customer）——“首席执行客户”的概念。

事实上，大数据时代的到来为提升用户体验带来更大的可能性。首先，以云计算为基础的大数据，能够最大限度地获取整体数据，不会出现10000名消费者购买了，商家手里却只有其中100个人的相关数据，这样可以完全消除抽样调查带来的误差。这些可信的整体数据将为判断客户的需求与喜好提供参考，进而有助于用户体验设计。谷歌公司就是这么做的，谷歌打通了旗下多个产品与渠道的用户信息，这些信息可以让谷歌给每个用户勾勒出一幅画像，了解每个用户的偏好和需求。通过打通并集中管理用户偏好信息的方式，谷歌可以让旗下的每一个产品都为用户提供更好的用户体验。

另外，大数据可以帮助企业进行个性化分析，这样有助于企业为每个不同特征的用户群量体裁衣，进行个性化营销。大数据时代，用户需求逐渐细分，市场越来越关注用户的个性化。而大数据可以凭借强大的数据分析，让企业有针对性地提供个性化服务和营销。针对不同的客户，在不同的时间，说不同的话，做不同的营销，最终将用户群变成企业或产品的粉丝群。个性化营销给客户带来快捷、舒适和亲密无间的体验。你可以成为用户的“好基友”，也可以充当用户的“闺密”，知道他们在想什么，这有助于建立牢固的品牌忠诚度。阿里巴巴曾经推出一项针对商家的大数据业务，叫作“聚石塔”。凡是购买该项业务的商家，都可对消费者进行多种数据分析。这意味着，只要有顾客来询问过，商家就能通过大数据分析平台了解到这个顾客以前购买过什么样的东西、浏览过什么样的网页、有什么样的购买偏好，这样就可以针对特定特征的用户“对症下药”，为顾客推荐最适合的商品。当用户接触这样的商家，感觉就像遇到一个老朋友一样，这样的用户体验当然会很好。

从苹果公司重视用户体验逐渐成为科技霸主到现在几乎每个企业都在重视用户体验，用户体验的威力不言而喻。如果说苹果当年的用户体验更多来自乔布斯追求完美的态度，那么，大数据时代的用户体验则更多来自大数据分析的结果。

## LinkedIn的成功

2002年，一款叫作朗玛UC的聊天软件在中国互联网上出现。2004年，新浪收购了朗玛UC所在的公司，朗玛UC也顺理成章地改名为新浪UC。那几年中国互联网上的聊天软件特别多：腾讯QQ、新浪UC、微软MSN、雅虎通、网易泡泡、盛大圈圈、Skype……可是，腾讯QQ一家独大，大部分人说起网上聊天，想到的就是QQ。

这个时候，腾讯QQ作为一款中国网民必不可少的聊天软件，正在收紧免费QQ号的注册。很多刚接触互联网的人需要QQ号和已经有QQ的好友聊天，结果没法顺利申请到，他们对腾讯的抱怨非常多，其中很多人都转向新浪UC聊天软件。那时刚上大学的孙静就是其中一个。

孙静刚刚接触互联网时，她的朋友和同学们都在使用腾讯QQ，每次见面或者打电话，都有人问她的QQ号是多少，要加她为好友。可是她申请了很久都没有申请到QQ号码，这时她想到了使用别的聊天软件。通过搜索，她发现一款叫作新浪UC的聊天软件功能和QQ很相似，就这样，她开始使用新浪UC。“别人都在使用QQ，而我在使用一款与众不同的软件。”开始，孙静觉得这是一件很酷的事情，但很快她就发现，这是一件无聊的事情。每天她打开新浪UC，上面一个好友都没有，看着别人聊天聊得不亦乐乎，只有她的聊天工具始终都没有闪烁一下。她可以通过软件里的搜索功能添加好友，可是她只想和认识的朋友聊天。于是她开始鼓动朋友和同学使用这款软件，很多人在她的鼓动下申请了新浪UC的账号，也和孙静互加了好友。孙静的新浪UC终于不再“孤单寂寞冷”了。

好景并没有维持多久。孙静发现，她鼓动来的好友不经常登录新浪UC，她的账号上虽然有不少好友，但基本都是灰色头像，这说明他们根本没上线。原来，孙静的朋友和同学们在注册新浪UC账号后面临了和孙静一样的问题：没有认识的好友。他们可能没有像孙静那样再去争取好友，而是放弃了新浪UC。

后来腾讯QQ面临其他所有聊天软件的围攻夹击，也担心会失去新用户，终于放开了QQ号的注册。当然，孙静最后也放弃了新浪UC，和同学朋友们在腾讯QQ里聊得不亦乐乎。多年以后，她和朋友们在QQ群里聊起新浪UC时，发现很多朋友也在UC注册过，但彼此都不知道对方的存在。大家都感叹这是“世界上最远的距离”。

孙静的故事是很典型的，代表了那个时期很多网民的选择。这是腾讯QQ的胜利，是其他所有同时期中国互联网上聊天软件的失败。为什么会出现这样的情形呢？这当然是用户体验的问题。当用户觉得某个软件没什么用途时，自然不会再用。

后来，国外有一家名叫LinkedIn的商业社交网站解决了这个问题。作为一支创业团队，他们在创业不久后获得了巨大的成功，注册人数很快就达到近800万。然而，LinkedIn的管理者很快发现，用户注册后要在上面找到一个认识的人不是件容易的事情。看来，LinkedIn的用户和孙静在新浪UC的遭遇是一样的。这可不是个好消息，就好像你去参加一个同学的婚礼，却发现除了你的同学外，其余人你一个都不认识。婚宴上的你只好一个人安安静静地吃完饭，然后悄悄地离开。参加这次婚礼，怎么说也不是件非常令人愉快的事情。如果任其发展下去，LinkedIn的用户迟早会离开，投奔别的同类网站。

乔纳森·高曼就在这个时候来到LinkedIn工作，他想解决这个问题。他是斯坦福物理学的博士，对越来越多的用户关联和丰富的用户个人资料非常着迷。这些资料不过是一堆杂乱的数据，分析起来非常困难，但当他开始探究用户之间的联系时，他看到一些新的可能。于是他开始整理自己的理论，检验自己的猜想，建立模型，预测用户愿意与谁建立联系。他觉得，他正在开发的新功能会很有用，能带给用户价值。那时，LinkedIn的工程师们都在忙于提升网站的性能，并没有怎么去了解高曼的想法。有些了解其想法的同事则公开表示不看好高曼的想法：LinkedIn上已经有一个导入通讯录的功能，能让用户导入所有联系人。这个功能就够了，为什么用户想要LinkedIn告诉他们该和哪些用户建立联系呢？

高曼并没有放弃自己的想法。幸运的是，LinkedIn创始人兼CEO以前在另一家叫作PayPal的公司工作过，而这家公司对数据分析是非常重视的。LinkedIn CEO相信数据分析的强大力量，于是，他授予高曼高度的自主权，其中一项就是高曼可以绕开传统的产品发布流程，并以广告的形式把他研究好的这个小模块发布在网站最显眼的页面上。

通过这个模块，高曼开始了他的试验。比如，用户的资料显示用户某年毕业于某一所高校某专业，现在在某公司工作，而很多同一年同一高校同一专业毕业的用户及和他在同一个公司工作的用户并不是他的好友，这样这个模块就会给出建议，问用户是不是认识这些朋友，是否需要添加他们为好友。

这个模块上线后，效果非常好，很多用户一注册好账号，就能迅速找到很多认识的朋友，甚至能在上面找到多年没有联系、已经失去联系方式的朋友。

再到后来，高曼改进了推荐方法，他的新方法基于闭环理论。闭环理论指的是如果你同时认识张三和李四，那么张三和李四很可能也相互认识，于是系统会把张三推荐给李四，把李四推荐给张三。同时，高曼改进了添加推荐好友的操作，让添加好友可以一键搞定。很快，LinkedIn的问题解决了，“你可能认识的人”这个模块获得30%的点击率。得益于这项新功能，LinkedIn的成长速度大幅提升。

高曼的故事是对孙静的故事的一个很好的补充，这个补充恰好可以回答为什么腾讯QQ成功了而其他聊天软件失败了。腾讯QQ作为国内最早的聊天软件，有先发优势。当最早的网民在寻找聊天软件时，他们只能找到腾讯QQ可以用，当他们想让朋友们到互联网上和他们聊天时，他们自身就发挥了“你可能认识的人”这个模块的作用。当他们都在腾讯QQ里聊天并形成自己的朋友圈子时，再让他们到一个新的软件里一个个拉好友几乎是不可能的事情——那会耗费非常多的精力，而且好友们未必肯花费同样多的精力去拉自己的好友。这样，后来的聊天软件如果想要成功，就必须想办法弥补这个功能缺失。可惜的是，那时的其他聊天软件并没有做到这一点。

虽然LinkedIn的定位和腾讯QQ、新浪UC等聊天软件完全不同，但这不表明它的成功就没有借鉴意义。如今，基于大数据分析的好友推荐系统在互联网的各个角落都得到了应用。

# 十二、大数据的粉丝经济

## 大悦城的大数据营销

2011年，北京朝阳大悦城销售额突破10亿元。对于地处非核心商圈的大悦城来说，这个成绩已经是相当不错的了。大悦城成功的因素可能不少，而他们的数据团队是绝对不能忽视的一个重要因素。

大悦城数据团队的主要任务是不断实验并以数据为驱动打造一个全新的购物中心。在数据部员工招聘中，有一次的考试题目是“分析米兰时装周流行趋势”。而其中最有特色的回答来自一个技术宅男。这个技术宅男自己编写了一个关键字搜索器，对所有网上搜到的时装周图片说明进行关键字抓取，然后排序……最后将一份图文并茂、用数据说话的流行趋势报告摆在了主考官的桌上，最后成功被录用。

这个数据团队干了些什么事呢？在大悦城的某处有一根柱子，数据团队在分析客流量的时候发现，很多消费者走到这儿后很容易因为视线被遮挡的缘故忽视柱子后面的商铺，直接往左或者往右去了。于是大悦城在柱子的位置弄了个洞，消费者走到这里时，会对这个洞感到奇怪，于是就会进去看看，这样也就引导了消费。此外，团队还对电梯进行了调整。朝阳大悦城有12层，整个项目里面各种电梯有上百部，怎样利用电梯把客流输送到重点商铺，去提升整个项目的销售是个问题。经过数据分析后，数据团队取消了在南部和北部的两部电梯，以免破坏整个顾客流动线，对租金测算以后，再把这两边共计400平方米的面积进行出租，既多了两家商铺的租金收入，又提升了整个项目的销售情况。

日常数据分析是这个数据团队每天必做的功课。对朝阳大悦城来说，车流的变化对销售有非常重要的意义，车流增长快就说明今天客流量的增长会比较快，销售也会联动上涨；再比如今天是大风天气，根据经验，销售可能会下降2%，而且集中在零售业，那么，大悦城会马上组织“限时抢购”之类的针对性营销策略。2011年的一天，朝阳大悦城的销售量和客流量突然出现了一个小的高峰，经过种种数据测算和比对，在排除节假日、推广促销等因素后，造成销售额增长的竟然是当天是“世纪对称节”——2011年11月2日。这个很多成熟人士可能不屑一顾的“脑残”节日，却受到不少年轻人的热烈追捧。受“对称节”销售小高潮的启发，大悦城开始为每年各种稀奇古怪的节日提前做促销和推广的准备，比如对号称2012年最值得期待的“金星凌日”天象，大悦城就推出了相关的天文主题活动。如果不是通过数据分析，大悦城很难猜测到销售额产生异动的真正原因，推广部门也会错失一系列的活动主题。

而数据和推广最漂亮的一次配合，是2011年的圣诞平安夜。根据2010年的历史数据，数据团队推算出2011年圣诞平安夜的当天销售额应该在800万元。而上午的10～12点、下午2～4点是客流的低谷期，如果能提高这两个时段的客流和销售额，将对全天的销售额起到带动效果。这两个时段主要是家长带孩子来逛，所以推广部门向家长们推送“买1000返100”的最大幅度优惠。到晚上9点到12点，平安夜的重头戏浪漫情侣档上演，这时候推送的信息变成时尚品牌折上折的“疯狂三小时”。由于针对全天的不同时段进行差异化营销，2011年的平安夜朝阳大悦城的销售额超过1000万元人民币，远远超过同行业的增长率。

大悦城的数据团队和推广部门的这次合作，是一次漂亮的大数据营销。如今，很多企业都在做着类似的事情，它们开设网站、论坛，注册新浪微博企业号，落户微信公众平台，通过各种方式与消费者联系互动，维持已有粉丝的情感联系并增加新的粉丝。它们利用大数据分析，找到它们的消费者的典型特征，根据消费者关注的话题来确定主题并策划活动，取得了不错的效果。

## 小米的崛起之路

3年的时间能做什么呢？从小米手机正式亮相的2011年10月到2013年9月小米手机3正式发布，在短短的3年内，小米推出了包括红米手机在内的8款手机，每一款小米手机的亮相无不在手机市场中引起轰动，其抢购从未中断，小米手机成就了一个神话。先是在2012年夏天，一场估值达40亿美元的融资创下了当年中国企业的融资之最；接着是小米科技对外宣布，2012财年出货量为719万台，销售额（含税）达126亿元；最后是2013年，小米估计全年销量会达到1500万台，后来又调高为2000万台，雷军更是在微博上宣布小米获得新一轮投资，被估值100亿美元，在国内仅次于阿里巴巴集团、腾讯和百度。

一家成立仅3年的创业公司竟然跻身百亿元俱乐部，这样的成绩在全球创业公司中绝无仅有。是什么造就了这么一个神话呢？

小米一路走来，喝彩声不断，叫骂声也不断。叫骂的人中，很多人把小米的成功解读为饥饿营销的结果，小米手机供应量小，而且基本只在自己的官方网站上发售，结果经常造成“抢购”的现象。还有人则更直接地把小米手机称为“期货手机”，批评小米公司打时间差，早早地收到了用户的预付款却迟迟不发货，造成了产品发布时性价比非常高，而随着时间的流逝逐渐变成产品利润率非常高。

但实际上，低价、高配还难以让小米迅速成为神话。毕竟用户不是傻子，在考虑到其他人预订后一直拿不到手机的情况下，没有预订的用户肯定会考虑其他手机。小米手机如果要做饥渴营销和“期货手机”，是非常有风险的事情。其实，小米手机本身的低价高配是其他手机厂商也可以跟进的，就算是做饥渴营销和“期货手机”，其手段也不是不能模仿的，但并没有其他厂商做到小米的规模。也就是说，小米真正成功的地方在于它有500多万忠诚的粉丝，这些粉丝都自称为“米粉”。

米粉对小米的热情相当强烈。2012年4月6日，小米成立两周年，上千米粉从各地赶到北京和小米公司一起庆祝，小米手机董事长兼CEO雷军在台上一呼百应。在现场，10万台小米手机公开发售，结果仅用6分零5秒就全部被抢空。而在广州、武汉等地，“小米之家”本来是上午9点上班，可很多粉丝8点就到门口排队。每一家“小米之家”成立时都会有人送花、送礼、合影，满一个月的时候还有人来庆祝“满月”，甚至还有人专门为小米手机作词、作曲、写歌。这些米粉，成为购买小米手机的主力军。这是小米得以演绎神话的最重要原因。

这样大量的忠诚粉丝，在小米之前，只有苹果有。雷军在接受媒体采访时也承认，小米从苹果那里学到不少东西，小米成功的秘诀有3个，创业团队、创新和粉丝经济。其中，粉丝经济是最为重要的因素。小米公司刚刚成立时，雷军就已经想好接下来该怎么走：通过互联网培养大量忠实粉丝；通过手机顶级配置并强调性价比的方式吸引大量用户；为节约成本，手机销售只通过互联网销售。雷军曾经多次声称，小米手机并不以赚钱为目的，而是要以互联网的商业模式先积累口碑建立品牌，接着把手机变成渠道。

正是这样一批粉丝，成为小米手机的起点。而后，“高性价比”的口碑和宣传让小米手机滚雪球般迅速崛起。作为苹果的学习者，雷军也和乔布斯一样相当关心用户体验。雷军在创立小米公司之前在金山工作了近20年，对互联网的传播方式非常了解，小米公司也一直把自己定位为一家互联网企业而不是手机厂商。小米公司的口号是“和米粉，做朋友”，小米公司的论坛上每天都有数以万计的帖子发布，回复更是不计其数，小米的软件工程师和硬件工程师也在论坛里出现，和米粉们热烈讨论。小米还设立了呼叫中心，专门负责在小米社区、微博以及对于米粉来电进行互动和反馈，呼叫中心的人数达到400人之多，只为与米粉建立直接联系，加深米粉对于小米产品的体验。

小米通过网络培养米粉，而微博更是小米聚合米粉的不二法宝。小米几乎把微博玩到了极致。Alexa是互联网首屈一指的免费提供网站流量信息的公司，因为Alexa数据显示人们玩新浪微博最多是在周二到周四，所以小米的转发有奖活动也设置在工作日而不是周末；晚上10点结束抽奖是因为这一时间点是每天流量的最后一个高峰；两小时发布一次奖品是因为微博传播转发的半衰期约为3小时。截至目前，新浪微博上“小米公司”粉丝已达153万，“小米手机”粉丝也有152万。对拥有近400万粉丝的雷军而言，在微博平台上，他既是小米的CEO，也是一个随时防止小米品牌受破坏的督察，更是一个为米粉排忧解难的客服人员。

借鉴了苹果的“天才吧”，小米在全国设立了32家“小米之家”，成为新媒体营销很好的线下延伸。在“小米之家”，用户可以自取手机，可以完成手机的售后维修，并且参加不定期为当地米粉举办的一些活动。同时，小米借鉴了车友会的模式，把米粉的消费方式变成聚会娱乐方式，使米粉变得很抱团。

小米的崛起之路不同寻常，注重用户体验是一方面，粉丝经济是更重要的一方面。小米培养粉丝的过程，就是一个数据分析营销应用的过程。

## 可口可乐的昵称瓶

互联网发展到如今，人类社会的沟通方式和信息传播都发生了翻天覆地的变化，社交媒体和自媒体的出现完全颠覆了传统营销的概念。消费者的角色已经转变，他们不再完全是被动的受众，同时也会主动参与品牌的传播活动，每个消费者既是信息的接受者，又是传播者。以前，营销不过是企业说、消费者听，到现在是大家说、大家听。在这个新的关系中，企业对消费者的姿态必须作出调整，要转变对消费者在信息接收上的看法，与消费者平起平坐做朋友，互相沟通。另外，企业要学会聆听消费者的声音，听取消费者的反馈意见，用消费者习惯的语言风格与消费者沟通，从而获得消费者的认可，并让他们自愿充当品牌信息的二次传播者，也就是让消费者变成自己品牌的粉丝。

可口可乐昵称瓶

2012年，可口可乐在澳洲推出了名为“Share A Coke”的宣传活动，可口可乐统计了“Amy”“Kate”等澳洲最常见的150个名字，并把这些名字印在可乐瓶、罐上。活动受到了年轻人的热烈欢迎，很多人都会购买包装上印有自己或朋友名字的可口可乐。2013年，可口可乐考虑在中国也举办一次类似的活动，最终，可口可乐在中国发起了“昵称瓶活动”。

“昵称瓶活动”可以说是澳洲那次活动的延伸。不过可口可乐的广告创意公司说，如果只是单纯移植，可能难度比较大，而且效果也不太好。这里有两个原因：第一是中国人名特别多，常见名字也非常多，没办法像澳洲的活动那样选出150个代表性的名字；第二是不接地气，毕竟每个国家都有自己的文化，西方世界比较重视个人、尊重个人，但是亚洲国家则很重视群体。基于这些考虑，可口可乐举办了“昵称瓶活动”。

之所以采用网络昵称，一是跟年轻人文化接近，二是根据社交媒体聆听系统，可口可乐公司发现人们其实很喜欢拥有自己的标签，找到自己的族群。如果某一个圈层的人群被激发，传播效果是加倍的。在微博上你会发现，有时很普通的内容或者你都看不懂的段子，只要引起一个族群的共鸣，就会有很高的转发量。比如与动漫、明星相关的事情，哪怕是很平淡的文字，都会引起某个族群的注意与讨论，这种现象在中国社交网络非常普遍。不论是BBS、社群或者豆瓣，还是今天的微博，平时可能很安静，但是一旦有新的电影上映，或者发生了新的事件，你会发现这些平时安静的族群会变得特别沸腾。因此，在中国做营销，就得抓住人群的特点有针对性地做。

可口可乐通过大数据分析发现，可口可乐的目标消费人群对于昵称使用很频繁。这些昵称有一些只在网络上盛行，还有一些则在传统媒体上也时不时可以看到。而且，这些昵称被年轻人使用的频率非常高，不只是网络上，就连在日常生活对话中也经常使用，例如年轻人不讲猫、狗，而是讲喵星人和汪星人，对自己则自称为“蓝星人”或“愚蠢的人类”。这就是一种网络文化的延伸。

那么，可口可乐的昵称瓶上那么多昵称都是怎么选择的呢？可口可乐的相关负责人做了这样的回答：“我们对这个概念进行了本地化处理，把大家在社会化媒体上使用最多、最耳熟能详的热门关键词印到可口可乐瓶上。至于抓取和分析这部分，我们选择了与精硕科技公司（AdMaster）合作，利用精硕科技社会化媒体聆听系统抓取网络社交平台上过亿热词大数据的捕捉，把网民使用频度最高的热词抽取出来，然后通过3重标准，即声量、互动性以及发帖率的删选，最终确定300个积极向上且符合可口可乐品牌形象的特色关键词。”

在可口可乐这次营销活动中，收集海量社交媒体数据并提炼出“昵称瓶活动”固然是神来之笔，但数据在此次活动中的表现远不止如此。

考虑到这次活动鲜明的社会化特点，如何在话题刚开始时就和消费者互动起来成了一个至关重要的问题。如果完全依赖广告公司进行人工搜索再进行互动，这样时效性会很低，广告公司的多人协作以及后续沟通也会变得非常困难。为此，AdMaster为可口可乐建立了一套完整的系统社会化媒体聆听系统，通过实时数据挖掘第一时间告知广告公司，哪些名单需要互动了，并将互动记录保留下来供后续沟通用。

采用这些昵称后，可口可乐与消费者拉近了距离。从销售结果来看，成绩非常不错，2013年6月初，昵称装可口可乐在中国的销量较去年同期实现了两位数的增长。可口可乐的营销，把接地气、接近年轻人的文化体现在瓶子上，可以表达年轻人的一种态度，也让年轻人更认同可口可乐这个品牌。

随着科技发展和生活方式的转变，我们的生活中无时无刻不在产生数据，而这些数据的价值需要科学的挖掘和研究。数据本身不会创造价值，只有充分发现和合理利用这些数据才能让其改变营销，改变生活！

# 第五章　大数据的企业创新

大数据是一座金矿，掌握金矿的往往是拥有无数用户和消费者的企业。在小数据时代，数据往往没有得到足够的重视，也没有得到很好的挖掘，使得很多企业守着金矿却过着苦日子。转变姿态，主动适应这个大数据时代，企业便会发现，原来自己身在大数据的红利洼地。

# 十三、大数据另辟蹊径

## 大数据与流感预测

2009年，一种很奇怪的流感突然出现，在短短几周时间里迅速传播开来。历史上，流感曾经多次肆虐全球，夺走了数以亿计的生命。这一次流感是甲型H1N1流感，它来势凶猛，全球众多的公共卫生机构都担心会有一场致命的流行病蔓延开来。美国公共卫生机构要求医生在发现新型流感病例时告知疾病控制与预防中心，但由于人们对流感的危险认识不够，可能会出现患病多日都自己治疗，一直到病情严重时才去医院就诊的现象。而且，医院在接收流感病人后，要经过一段时间才能将信息传递给疾病控制与预防中心，而传递过程又需要一段时间。总的算来，从一个人患流感到疾病控制与预防中心得知信息，中间大约有一两周的延迟，而疾病控制与预防中心每周只进行一次数据汇总。那么，对于一种以非常快的速度蔓延的疾病来说，信息滞后两周的后果是非常严重的。

凑巧的是，在这次甲型H1N1流感爆发前几周，谷歌的工程师们在《自然》杂志上发表了一篇论文，说他们能够预测冬季流感的传播。谷歌是如何做到这一点的呢？

在这个互联网发达的大数据时代，人们早就习惯借助网络来搜索各种问题的答案。谷歌的工程师想到，在患流感后，很多人会通过谷歌查询该怎么办；谷歌的服务器保留了多年来用户留下的所有搜索记录，而且每天都会收到来自全球超过30亿条的搜索指令，如此庞大的数据资源足以支撑和帮助它完成预测工作。

谷歌用几十亿条检索记录，处理了4.5亿个不同的数字模型，结果证明，其预测与官方数据的相关性高达97%。和疾病控制与预防中心一样，谷歌也能判断出流感是从哪里传播出来的，而且其判断非常及时，不像疾病控制与预防中心那样，要在流感爆发一两周后才可以做到。

所以，2009年甲型H1N1流感爆发的时候，与滞后的官方数据相比，谷歌的预测数据成了一个更有效、更及时的指示标，公共卫生机构的官员由此获得了非常及时、有价值的数据信息。谷歌不懂医学的工程师们的疾病预测走在了前面，对专业预测提出了挑战。他们基于事物相关性原理做出的大数据预测，其精准性与传统方式不相上下，而其速度是传统方式所无法比拟的。

无独有偶，日本国内也有一个网站，只要你打开这个网站用自己的推特账号登录，就可以在短时间内通过数万条推特消息找出可能感冒的人，并对过去的感冒情况和今日的感冒情况进行分析，另外这个网站还会结合气温和湿度的变化来预测将来感冒的流行情况，并制作一个“易感冒日历”。这家网站表示，通过大数据分析，大家就能够知道在自己身边到底有多少人有感冒的症状，并提前做好预防准备。

此外，日本京都大学的荒牧研究室也运营了一个名叫“流感君”的网站，主要功能是通过感冒信息的检索预测流感的分布状况，比如流感在哪些地区比较严重、哪些地区未来出现流感的可能性较大。这个网站会自动将推特上的话题进行分类，并选择实际感染上流感的人群的留言，然后进行人工编辑，之后服务器通过GPS定位，在地图上标记感染者所在的位置。如果某个地区的流感有加重的趋势，那个区域将会被标红，提醒当地的人注意防范。

与传统数据分析的逻辑推理研究不同，大数据研究是对海量的数据做统计性的搜索、比较、聚类和分类等分析归纳。大数据所分析的是全部数据，通过对所有数据的分析就能洞察细微数据之间的相关性，从而提供指向型商业策略。

人们一直以来都在追求“实事求是”“按客观规律办事”，但是，由于对环境的认知能力的局限，或者说获取数据、分析数据的能力的局限，人们一直按照寻根求源的方法来了解这个世界，但一直不能很好地了解什么是事实或什么是客观规律，人们对自己身边事物的认知过程像瞎子摸象一样，只能了解局部的情况，整体的情况只能凭借有限的数据去推断，这种判断的结果与实际情况往往有很大的差距。

随着科技的发展，由于数据收集能力、计算机计算能力、数据存储能力的提高以及网络技术、云计算的出现，人们可以根据海量数据依靠相关性理论进一步认识世界。关注相关性而非因果，让我们可以更高效地利用数据而不是研究数据。只要发现了两个现象之间存在着显著相关性，就可能创造出巨大的经济利益，而不必非得像科研机构一样马上弄清楚其中的原因。

## 错误数据的用处

大数据的数据量庞大，大到我们完全没办法一个个核实，比如，一个数据库记录下1000万人的体重，其中有几个人的体重记录明显是错的。虽然我们一个个去核实数据的确可以挑出这几个错误数据，但一份1000万人的体重记录以完全不成结构的方式摆在你面前时，你想的第一件事情一定是“怎么才能够不去核实数据”。事实上，错误的数据在这个大数据库里显得微不足道，对最后数据分析的结果根本没什么影响，就像一滴墨水滴在大海里一样，大海并不会被染色。

但有的时候，错误的数据会变得非常有用，在某些地方，错误的数据比正确的数据还有用。这又是怎么回事呢？

比如，你上网打开百度网站首页，在搜索框里输入“局部地区有血”几个字并点击搜索，百度会提醒你是不是要搜索“局部地区有雪”，这就是一个非常好的例子。百度从众多的搜索请求里发现很多搜索“局部地区有血”的人，其实是在搜索“局部地区有雪”时输入文字发生了错误，因此会给出这么一个提示。

这个功能很贴心实用，我们可以想到，百度的这个功能或许可以继续拓展，在不久的将来用于校对文章里是否有错别字、资料里是否有错误数据，等等。而另外一个搜索巨头谷歌，则利用错误数据做了一件了不起的事情。

2006年，谷歌公司也开始涉足机器翻译。这被当作实现“收集全世界的数据资源，并让人人都可享受这些资源”这个目标的一个步骤。谷歌翻译开始利用一个更大更繁杂的数据库，也就是全球的互联网，而不再只利用两种语言之间的文本翻译。

谷歌翻译系统为了“训练”计算机，会吸收它能找到的所有翻译。它会从各种各样语言的公司网站上去寻找联合国和欧洲委员会这些国际组织发布的官方文件和报告的译本，甚至会吸收速读项目中的书籍翻译。谷歌翻译部的负责人弗朗兹-奥齐是机器翻译界的权威，他指出，“谷歌的翻译系统不会只是仔细地翻译300万句话，它会掌握用不同语言翻译的质量参差不齐的数十亿页的文档”。不考虑翻译质量的话，上万亿的语料库就相当于950亿句英语。

尽管其输入源很混乱，但较其他翻译系统而言，谷歌的翻译质量还是最好的，而且可翻译的内容更多。到2012年年中，谷歌数据库涵盖了60多种语言，甚至能够接受14种语言的语音输入，并有很流利的对等翻译。之所以能做到这些，是因为它将语言视为能够判别可能性的数据，而不是语言本身。如果要将印度语译成加泰罗尼亚语，谷歌就会把英语作为中介语言。因为在翻译的时候它能适当增减词汇，所以谷歌的翻译比其他系统的翻译灵活很多。

谷歌的翻译之所以更好并不是因为它拥有一个更好的算法机制，而是因为谷歌翻译增加了很多各种各样的数据。从谷歌的例子来看，它之所以能比其他翻译系统多利用成千上万的数据，正是因为它接受了有错误的数据。2006年，谷歌发布的上万亿的语料库就是来自互联网的一些废弃内容。这就是“训练集”，可以借此正确地推算出英语词汇搭配在一起的可能性。

20世纪60年代，拥有百万英语单词的语料库——布朗语料库算得上这个领域的开创者，而如今谷歌的这个语料库则是一个质的突破，后者使用庞大的数据库使得自然语言处理这一方向取得了飞跃式的发展。自然语言处理能力是语音识别系统和计算机翻译的基础。彼得·诺维格，谷歌公司人工智能方面的专家，和他的同事在一篇题为《数据的非理性效果》的文章中写道，“大数据基础上的简单算法比小数据基础上的复杂算法更加有效”。他们明确指出，混杂是关键。

从传统意义上说，谷歌的语料库是布朗语料库的一个退步。因为谷歌语料库的内容来自未经过滤的网页内容，所以会包含一些不完整的句子、拼写错误、语法错误以及其他各种错误。况且，它也没有详细的人工纠错后的注解。但是，谷歌语料库是布朗语料库的好几百万倍大，这样的优势完全压倒了缺点。

## 数据也甜蜜

一年时间，大数据已开始进入人们生活的方方面面，恋爱也不例外。据相关统计，约1/5的恋爱关系是从婚恋网站开始的。新华社曾经有一篇文章说中国适婚的单身男女数量已超过1.8亿，这一群极力脱离单身的年轻人正在努力寻找某种方式去遇见爱情，婚恋网站成了他们最好的选择。婚恋网站是如何利用大数据给两个素不相识的人牵线搭桥当红娘的呢?

婚恋网站温馨甜蜜的气氛背后，是默默无闻的庞大数据库。这个庞大的数据库收集了用户各方面的信息，当数据分析结果显示两个年轻人的各项信息都十分匹配时，网站便当起了红娘，对两人发送推荐信息。许多用户并不知道，婚恋网站除了红娘，还有一群数据库专家、大数据科学家和数学家在辛勤工作。用户在注册和使用中国最大的婚恋交友运营商世纪佳缘网站时，通过收发信件、填写资料提交了包括择偶条件、自身情况、兴趣爱好以及其他细节的大量数据。有了这些数据之后，世纪佳缘利用数据库从分布于全国的服务器中搜索最匹配的用户。系统要与其他千万名注册用户进行数据比对，至少进行10亿次计算。经过一系列复杂的算法，用户未来的爱人就出现在其屏幕上。数据输入质量决定输出质量，这是所有数据库共有的特点。用户在在线交友网站上填写的资料越详细，回答的问题越真实，就越能找到真爱。

世纪佳缘智能网警查杀系统也是通过深入挖掘大数据发生作用。据悉，世纪佳缘智能网警查杀系统人工排查一个问题账号并加入黑名单的用时约133秒，而智能系统用时只需60秒。在智能系统引入之前，审核工作主要依靠工作人员手动将诈骗分子的数据特征输入后台进行检索，再结合登录时间和发信状况进行人工排查。系统引进后，智能系统会根据相关数据进行自动检索。系统投入后，世纪佳缘的查杀效率提高了45%以上。

根据会员行为轨迹，通过大数据的挖掘，从庞大的会员数据库中挖掘出各种信息碎片，通过资料完整度、交友真诚度及账号安全度3个维度来评定这个用户是不是靠谱。其中资料完成度占50%的比重，交友真诚度和账号安全度则分别占20%和30%。用户可通过个人主页查看自己的“靠谱度”分数，若用户“靠谱度”分数较低，可通过完善资料、诚信认证、上传照片以及发信回信的方式获取高分。除此之外，用户可通过购买服务实现对心仪对象靠谱度的查询。

在中国，像世纪佳缘一样的婚恋网站依靠大数据分析做得红红火火，而在日本，大数据在婚恋方面也扮演着重要角色。日本社会老年化、少子化的现象十分严重，未婚率逐年攀高，平均结婚年龄也一直在增长，很多日本人对这一现象十分忧心却又束手无策。而现在，大数据就能帮上忙。

在日本和歌山纪美野町举办了一次相亲派对。纪美野町举办相亲派对的初衷，是为了给未婚青年男女提供更多的结识机会，以缓解人口数量较少的该地区青年未婚率过高的问题。在派对上，未婚男女先是自我介绍，晚宴上可以自由交流，在咨询调查过程中写出合乎心意的异性姓名，活动最后则公布速配成功的男女。为了提高配对成功的比率，活动举办者希望借助先进的数据获取和分析工具改进活动的举办方式，并为参加者提供交友建议。

参加相亲派对的男女都被要求佩戴胸卡式传感器。在活动过程当中，这个传感器可以实时取得参加者在相亲活动中的一系列数据，包括与异性交流情况以及进展速度等。在活动举办前，宣传单、咨询窗口以及技术人员的讲解使参加者解除了害怕交谈内容被记录从而泄露个人隐私的顾虑，大数据相亲活动得以顺利进行。实际活动中，参加者非常投入，对于佩戴传感器一事并不在意，而且也有参加者希望了解速配成功男女的交流方式。

日本的两个大企业为相亲派对的主办方提供了数据采集和分析技术的支持。获取的数据在某企业提供的系统中进行分析，整个活动情况被制成组图，每个人的交流情况等将给予可视化展示。为了保护个人隐私，可视化展示里并不包括个人基本信息。派对主办方以此为基础，研究交流方式和配对成功的关键要素。

活动的主办方认为，以前活动结束后，他们虽然也会努力听取参加者的意见，但这种方法较为主观，过多地依赖工作人员的感觉而不是中立理性的数据支持。而通过大数据的方式，则可以为完善活动细节、为参加者提供建议和数据支持。

一家国外约会网站的研究员通过分析7000多张个人照片，并基于每个用户收到的信息数量来确定哪些照片最有利于在线约会成功。研究者将照片分为3类：调情脸、微笑脸和严肃脸。调情脸指人“直接对着镜头调情”，跟微笑或看上去高兴的脸不一样。结果发现，照片用调情脸的女性每月都比别人多收到一点信息，与镜头没有眼神接触的人收到的信息会比有眼神接触的人少一些。与女性情况相反，男性在资料中使用不看镜头且比较严肃的照片时，最有可能成功约到女性，使用看上去像在调情且不看镜头的照片则最难约到女性。

因此研究者得出这样的结论：照片可以说明一切。照片激起浏览者的好奇心，很大程度上展示了主角是一个什么样的人。同时，主角不能忽视选择正确照片的重要性。

这一切都说明，大数据不仅仅是商业工具，只要有合适的数据源，它同样可以向我们展示如何最好地展现自我以寻求到合适的另一半。大数据在社交上的意义远不止这些。它能为我们提供视角，了解围绕在我们关系周边的外界环境，还能加深现有关系并支撑新关系的建立。

在线约会，数据也能让人感觉甜蜜。数据采集及分析在我们想得到的、想不到的领域都发挥着作用，这反映出大数据对人们日常生活日益增强的渗透作用。

## IBM的美味机器

2012年，大数据对于普通人来说还是一个很陌生的名词；2013年，街头巷尾的人们都在谈论着大数据可能给生活带来的变化。如果你此前从来没有听说过“大数据”这个词，也许你不知道它到底能用来做什么。“大数据是什么，能吃吗？”如果你这样问IBM的研发团队，他们有可能告诉你：“是的，能吃，而且味道相当不错哦。”

这当然不是说大数据能吃，而是指他们可以利用数学、化学和大数据分析技术，制作出一些前所未有而又不同寻常的食谱。

通常，我们为了解决一个问题会进行以下步骤：首先，我们需要理解我们打算解决的问题到底是什么，难度在哪里，怎样才算解决了；然后，我们需要从这个问题的难点入手，尽可能多地学习相关知识，从而积累起专门的知识，并在这套知识的武装下生成一些新的想法，甚至把不同类型的想法结合起来；接下来，就是从这一大堆想法中挑选出最具创意的；最后，实现我们的想法。

IBM的研发团队也是这么考虑的，他们构建了一套算法，根据以上这个解决问题的步骤建立了模型。尽管这些步骤中有很多以前就曾经由计算机执行过，但IBM团队的过人之处在于他们找到了量化一份食谱的创造性办法，并且能把所有不同的部分结合在一起。

领导IBM团队开发这种新型食谱生成系统的拉夫·瓦什内一直都用这套系统生成的食谱来做饭，而且他表示这套他们自己创造的食谱中有一些菜确实非常好吃，比如奶油烤肯尼亚球芽甘蓝、开曼车前草甜点和瑞士与泰国混合式芦笋乳蛋饼。还有一些菜谱是研发团队与合作伙伴烹饪教育学院合作创造的，那可就是世界级的食谱了，比如西班牙扁桃牛角面包和厄瓜多尔草莓甜点。

那么IBM的计算机大厨们是怎么通过大数据分析来创造美味的呢？

首先，启动软件时，使用者会被要求选定一种关键食材，以及使用者想要制作哪个地区的菜系，然后决定使用者感兴趣的餐食类型（比如汤或者蛋饼）。这是第一步，相当于告诉计算机“你要解决的问题是什么”。

然后是第二步，这是最重要的一步。在这一步里，大数据分析起着最重要的作用。计算机会调动电脑里存储的好几百万份不同食谱的文本数据，研究者们利用自然语言处理算法扫描并分析这些数据。利用这些数据，他们将已经成文的食谱转化为关系网，包括不同食材的用量和将这些食材做成食物的过程；他们扫描维基百科，了解在各个地区菜系中通常会用到哪些食材；他们考察调味品的说明书，了解不同调味品中含有哪些分子，并获取了这些分子的化学结构方面的信息；他们还收录了人们对70种不同化学成分的“好感度”评分……最终，研究者们积累了巨量计算机可读的知识体系，其中包括人类的口味偏好、地区食谱和这些食谱化学构成方面的信息。程序就这样做好了掌勺的准备。

第三步，软件从某种菜系的传统食谱开始，产生出几百万条符合用户要求的新食谱。这些食谱不是随机产生的，而是遵循着“食物搭配律”的经验法则生成的。食物搭配律的主要内容是在食谱中能够良好搭配的食材有着相同的呈味分子。全新的食谱是依靠“异化”现有食谱中的食材，然后将其与其他食谱融合产生各种各样前所未见的混合食谱的方式得来的。这种算法被称为遗传算法，是在模仿生物遗传变化的过程。

也许你会问：“一下子产生了几百万种菜谱，肯定有很多是非常失败的，要么口感不好，要么味道不好。怎么选出味道好的呢？总不能把这几百万道菜都做一遍吧？”说得对，计算机生成的几百万种食谱确实没法做成菜一一验证。就算可以验证，愿意品尝几百万种奇特乃至奇葩的新食谱的志愿者估计也很难找，比如突然端上来一道叫作“蒜蓉糖葫芦炒臭豆腐”的菜，估计会让很多志愿者失去下筷子的勇气。

这一步，研发人员早就想到了。研发人员的对策是：不做出菜，直接让软件自动化处理。那么，到底是怎么自动处理的呢？毕竟，软件又不会有味觉，怎么能把不好吃的菜给剔除掉呢？

IBM的研发人员希望他们的食谱能做到非常具有创造性，同时实现新颖和美味两个标准。他们是这么考虑的：每个人对新鲜食物的接受能力都不一样，而且由于地区和文化差异，本身每个人对食物的偏好也不一样。越是和你以往吃过的食物相似的食谱，就越是不会让就餐者感到新奇；越是那种奇葩得你用脚趾头都想不到的食谱，就越能让就餐者觉得出乎意料。出于这种考虑，他们根据一个食谱能够多大程度上让就餐者感到诧异来衡量这份食谱的新颖程度。

然后考虑的就是味道了，味道的形成本身是非常复杂的，我们的舌头能够品尝出几种基本的味道：甜、咸、酸、苦和鲜。然而，我们对食物的体验还受到很多其他因素的影响，比如食物是不是温热的，是奶香味还是糖一样的甜腻味，口感粗涩还是黏滑，是很耐嚼还是入口即化……另外还有其他的一些因素，比如咬它时它发出的声音、你的饥饿程度、这种味道所勾起的记忆，等等。

研究者最后从神经美食学领域的研究工作中得出了强有力的论点：气味是味觉的主要构成部分。因此，只需考虑一盘菜的气味即可。这听起来似乎很荒谬，气味是鼻子闻到的，味道是舌头尝到的，这完全不一样嘛。不过，我们不妨想想自己感冒鼻塞后吃东西的场景，那时我们的舌头是正常工作的，可是我们会觉得食物没什么味道，因为闻不到气味。

那么软件怎么知道一盘菜闻起来香不香呢？这个问题的答案要到化学中去找。软件会考察一份食谱中所有不同的呈味分子，查询它们的化学性质——这个过程会用到很多技术名词，诸如拓扑极曲面面积、重原子数、复杂度、可旋键数量以及氢键受体数量。通过将这些化学性质与其他70种气味分子作比较，研究者可以预测一盘菜的气味是香气四溢还是恶臭扑鼻。最后他们在计算机里把各种不同分子的气味混合起来，算出每种食物的“香度”。

最终，软件产生了一系列食谱，并以3个标准排序：新颖程度、气味怡人度和口味搭配。到这里，一份菜谱就被挑选出来了。

大数据给我们带来的新鲜感是不可想象的，也许，在不久的将来，我们走进一家美食店，会看到计算机正在自己生成食谱并根据食谱来烹饪食物。

## “预言帝”的诞生

2008年到2010年，一只叫作“保罗·爱伦”的章鱼在互联网上被球迷们狂热追捧，大家纷纷称之为“预言帝”。保罗生活在德国的奥博豪森海洋馆，章鱼保罗这个名字来自德国儿童作家波尔洛生所作的诗《章鱼保罗》。保罗前后一共“预言”了14场足球比赛，其中13场都是准确的，正确率高达93%。

下面就是保罗的预测成绩：

| 2008年欧洲杯（6次预言，5次准确。正确率83%） | | | |
|---|---|---|---|
| 赛事 | 预测 | 结果 | |
| 德国VS波兰 | 德国胜 | 德国2–0胜 | √ |
| 德国VS克罗地亚 | 德国负 | 德国1–2负 | √ |
| 德国VS奥地利 | 德国胜 | 德国1–0胜 | √ |
| 德国VS葡萄牙 | 德国胜 | 德国3–2胜 | √ |
| 德国VS土耳其 | 德国胜 | 德国3–2胜 | √ |
| 德国VS西班牙 | 德国胜 | 德国0–1负 | × |
| 2010年世界杯（8次预言，8次准确。正确率100%） | | | |
| 赛事 | 预测 | 结果 | |
| 德国VS澳大利亚 | 德国胜 | 德国4–0胜 | √ |
| 德国VS塞尔维亚 | 德国负 | 德国0–1负 | √ |
| 德国VS加纳 | 德国胜 | 德国1–0胜 | √ |
| 德国VS英格兰 | 德国胜 | 德国4–1胜 | √ |
| 德国VS阿根廷 | 德国胜 | 德国4–0胜 | √ |
| 德国VS西班牙 | 德国负 | 德国0–1负 | √ |
| 德国VS乌拉圭 | 德国胜 | 德国3–2胜 | √ |
| 西班牙VS荷兰 | 西班牙胜 | 西班牙1–0胜 | √ |

保罗的“预言”准确率如此之高，几乎没有人能够像它一样准确预测赛事。当然，这14场比赛没有一场平局也是保罗预测准确率高的原因之一。那么它是怎么预测的呢？

原来，在比赛之前，海洋馆员会在章鱼保罗附近放上两个装有贝壳的盒子，盒子上面贴着比赛的两个国家的国旗，保罗到哪边吃贝壳，就说明保罗“预言”哪一方胜利。海洋馆发言人表示，虽然保罗生活在德国，但大家没必要担心它会偏向德国，因为它出生在英国，是一个“很多代的移民后裔”，祖先或许来自阿根廷。

很多人质疑保罗的“预测”的真实性，比如有人认为德国人之所以选择用章鱼来预测，是因为德国国旗的颜色正是章鱼喜欢吃的食物颜色。还有人认为海洋馆之前做了两套视频，一套预测德国胜利，一套预测德国失败，在咨询了权威和专家之后有选择性地放出视频。当然，也有章鱼保罗的支持者认为，保罗的预测只是一次小概率事件，概率虽小但不代表不可能发生。其实这个没必要去较真，大家谁都没打算相信一条章鱼有多么的神奇。要知道，有些资深的足球从业人士都没办法准确预测赛事，比如球王贝利。

球王贝利的乌鸦嘴是有名的。1990年世界杯，他看好南斯拉夫队，结果南斯拉夫第一场惨败于德国，另外他看好的“百年以来最强大”的巴西队，第一场就被淘汰；1992年欧洲杯，他继续看好南斯拉夫队，结果南斯拉夫被禁赛；1994年世界杯，他看好哥伦比亚，结果哥伦比亚小组被淘汰，后卫被枪杀；1996年欧洲杯，他看好土耳其，土耳其很快被淘汰；1998年世界杯，小组赛时看好西班牙成为黑马，结果西班牙小组都没出线；小组赛结束，看好尼日利亚，结果好好的尼日利亚淘汰赛第一轮就回家了；决赛前他看好巴西队，巴西队以历史最大惨败输了世界杯……再说一条跟中国相关的：20多年前，贝利访问中国，说你们很快就能进入世界杯，结果中国队苦苦挣扎了20年。

最有趣的是2010年世界杯德国和阿根廷的比赛。球王贝利表示看好阿根廷，而章鱼保罗预测德国会胜利。媒体幽默地把贝利和章鱼保罗的不同预测称为“世纪对决”。最终，章鱼保罗成功预测。

章鱼保罗和贝利，一个准确率奇高，一个错误率奇高。二者预测的方式完全不同，在数据分析师看来也都不过是娱乐。大数据时代，基于大数据的分析变得越来越精准。我们不妨看一下第85届奥斯卡奖的预测。

2013年2月25日，第85届奥斯卡颁奖典礼在杜比剧院举行，本·阿弗莱克执导的《逃离德黑兰》获得最佳影片，而华人导演李安则凭借《少年派的奇幻漂流》击败迈克尔·哈内克、史蒂文·斯皮尔伯格等，再度斩获最佳导演奖。《少年派的奇幻漂流》全场共拿下4个奖项。《悲惨世界》与《逃离德黑兰》以3个奖项并列全场第二。史蒂文·斯皮尔伯格的《林肯》以12项提名的气势驾临颁奖礼，最终只收获了最佳男演员和最佳艺术指导奖。

在大奖颁发之前，关注电影资讯的人们按照惯例开始猜测各项奖项会花落谁家，其中更不乏一些明星艺人。章子怡也在微博里大胆预测奥斯卡获奖名单，她成功猜对了最佳女主角和最佳男主角这两个最具分量的奖项，预测结果猜中了近七成。

相比章子怡的预测，微软纽约研究院的经济学家戴维·罗斯柴尔德才是真正的专业级预测。因为戴维·罗斯柴尔德的预测采用的是大数据分析技术。除最佳导演外，其他各奖项的预测戴维·罗斯柴尔德全部命中。事实上，早在2012年美国总统大选中，戴维就曾正确预测51个选区中50个地区的选举结果，准确性高于98%。这个准确率可比章鱼保罗高多了，这才是真正的“预言帝”。

这些应用大数据技术进行的分析预测，让人感觉到大数据时代确确实实地来了。我们的生活中出现的各种资讯和变化都表明，我们已经生活在大数据时代。

前段时间，微软又公布了戴维·罗斯柴尔德的最新一则访谈。在访谈中，他利用同样的数据收集和分析方法公开了2014年世界杯的预测结果：巴西将夺冠。根据数据预测，巴西队的夺冠率达到22.5%，远远高于其他对手，随后依次为阿根廷、德国、西班牙、比利时。

| 球队 | 预测夺冠率 |
|---|---|
| 巴西 | 22.5% |
| 阿根廷 | 16.4% |
| 德国 | 14.1% |
| 西班牙 | 11.2% |
| 比利时 | 5.3% |
| 哥伦比亚 | 4.3% |
| 法国 | 3.8% |
| 意大利 | 3.2% |

有意思的是，该网站还提供了2016年美国大选的预测结果，根据目前的数据，民主党的希拉里·克林顿有望成为美国历史上第一位女总

统，概率为32%。当然，随着时间的不断发展、数据的不断更新，预测结果会发生变化。

大数据分析对未来的预测要比如同求神问卜一般的章鱼保罗的预测好得多，却一点儿也不神秘。任何一个人，只要掌握好了这个工具，一样能做“预言帝”。数据分析在预测方面，有着其他很多工具不可代替的作用。

# 十四、大数据的破坏式创新

## 余额宝的大数据思维

网购达人陈佳几乎每天都有快递送上门，每天，她都要通过手机上的“支付宝钱包”支付不少订单。可是这几天很奇怪，她依然每天都打开手机上的“支付宝钱包”，有时每天还打开很多次，可是每次都是打开看一眼就关了，一笔订单都没有支付。她到底是在做什么呢？原来，她在查看她存在余额宝上的钱产生的收益。她往余额宝上存了两万块钱，每天下午，就有大约3块钱的收益会打到她的余额宝账户上。她每天打开“支付宝钱包”，就是查看这个的。

余额宝现在非常受年轻人的喜爱，很多人都把自己的一部分钱放到余额宝上存着，每天看着它涨一点儿。余额宝是2013年6月13日阿里巴巴上线的一个理财产品。上线之后，余额宝的规模就一直处于急剧膨胀之中。6月底，其用户突破250万户；8月中旬，规模超过200亿元；三季度末规模更是超过500亿元；到12月中旬，其资产管理规模突破千亿大关。中国基金业发展至今历时超过15年，从未出现千亿级别的基金，然而基于支付宝平台的余额宝，用了仅仅6个月就实现了。这样的成绩令公募基金界为之震惊，他们一改过去消极合作的态度，纷纷来到杭州与阿里巴巴洽谈合作事宜。是什么让余额宝如此火爆呢？又是出于什么考虑，基金界此前会出现消极态度呢？

余额宝为何能够创造奇迹？它所嵌入的货币基金并不是市场收益最高的产品，合作的基金公司也不是行业知名公司，它的奇迹就在于突破了传统的金融思维，依托大数据创造了优质客户体验、风险精准预测。

余额宝的成功，实际上是与互联网开放、服务草根文化密不可分的。在我们进入大数据时代后，很多银行依然没有吃透长尾理论，他们只要长尾的“头部”，也就是少数拥有数额可观的资金的客户，而对在互联网时代可能占80%的草根用户，其服务是很不到位的。比如，同样是存款，存款数额大的账户会有可观的利息产生，存款数额小的账户有的不仅没有利息，甚至还要被银行收取管理费。银行理财的购买起点也往往以万计算，然而草根用户可能并没有足够的可支配收入去购买理财产品。相对来说，余额宝就完全不一样，无论你存多少钱进去，一块钱也好，100万也好，余额宝都一视同仁，按照同样的比例分发收益，而且每天都发。余额宝里的钱很容易转进转出，像网购达人陈佳就会经常把余额宝里的钱用于支付淘宝上的订单，或者将银行卡里的钱转到余额宝上。对于草根用户和很多年轻人来说，普通的理财产品门槛太高、手续太麻烦，而余额宝在给他们理财的同时带来了不少便利。

余额宝的理财思维明显具有大数据时代的特征，它不设置任何门槛，明显就准备好了为长尾理论里的“长尾”用户群体服务。从名字就能看出，余额宝本身是定位于支付宝账户的余额的，这说明余额宝做的是小微金融。对于银行来说，小微金融是脏活累活，大企业做一单比小微企业做上百单赚得多，银行做小微金融是投入产出比很低的业务。余额宝可能正是看中了这一点：银行不愿服务的80%的草根用户，就单个用户来说，资金肯定微不足道，但累积起来数额绝对可观。而对于一些传统基金公司来说，他们很希望接纳草根用户，但他们并不具备大数据思维，对互联网的理解也不够深入，无法创造出余额宝这样的产品。

余额宝客户定位于“月光族”或者“小白”客户，掀起一元起卖的“草根理财盛宴”，并且随时随地触手可及，不需要排队，不需要填单，也无须被网上开户折磨，不用怎么学习就会用，只需在支付宝账户里点击“转入”余额宝即可。这些都是令草根用户心动的理由。而令阿里巴巴心动的则是这几个数字：中国电子商务研究中心数据显示，2013年上半年，阿里巴巴集团旗下的天猫以50.4%的市场份额位居B2C网络交易榜首，阿里巴巴在B2B方面也以46.4%的市场份额位居第一，淘宝集市则在C2C方面占据整个市场的95.1%；这些交易大多是通过支付宝进行的，支付宝的注册用户有8亿，活跃用户大概有2亿，这样一个用户数，只要有一定比例的人使用余额宝，余额宝的前景就非常光明。

在管理余额宝时，大数据一样起着非常关键的作用。业内人士认为，余额宝快速成长的背后，风险也变得越来越大。现在用户可以随时消费余额宝里的资金用于网络交易，这实际上是支付宝先垫钱给余额宝，因为余额宝每天产生的收益是在每日收盘后才给支付宝结算的。这中间如果出了什么问题，导致余额宝没办法按时和支付宝交割，支付宝就会成为余额宝这个庞大基金遭遇风险的第一个受害者。对于这个，余额宝似乎一点儿都不担忧，这种信心便来自阿里巴巴的大数据分析能力。比如，支付宝每天多次提供用户转账、购物等数据给余额宝及其他基金公司，而余额宝的数据分析师会对这些数据进行监控、分析，将结果给基金经理进行参考，预估第二天要赎回多少资金，以安排货币基金第二天的流动性。

自从余额宝诞生以来，就不断有业内人士提醒投资者，余额宝仅是一款货币基金，和其他货币基金一样只是基金产品的一种，并不等同于活期储蓄，理论上依然存在亏损的可能，但不得不承认，余额宝依然受到广泛的青睐。然而，这种青睐并不单纯来自产品的收益，更是基于大数据的全新的客户体验。余额宝引起的轰动效应，其实只是会使用大数据分析的互联网企业在金融行业冲击传统银行业。未来，大数据还将继续发挥威力，在更多领域打造奇迹。

## 帮人怀孕的手机软件

中国国际数码互动娱乐展览会，即ChinaJoy，是继美国E3展、日本东京电玩展之后的又一同类型互动娱乐大展，尤以网络游戏为主。每年举办一届，众多游戏厂家参展，吸引大量游戏爱好者前往。2011年的ChinaJoy上，爆出了当时在互联网上非常流行的一句话“拍一下怎么了，又不会怀孕”。那么，你能不能相信，有一款手机软件是可以帮人怀孕的?

现在，大家使用的基本都是智能手机，智能手机一般都具备高度的扩展性。用户可以在智能手机上安装各种功能的软件，这些软件可以帮我们完成很多事情，除了基础的通信和社交外，还可以实现导航、支付以及与其他硬件的结合等功能。而有一款叫作“Glow”的软件，居然可以帮人怀孕。

这不是愚人节的玩笑，而是一个很严肃的话题。这个软件自然也不是一个娱乐软件，而是一个真正严肃对待这个问题的软件。Glow是由PayPal联合创始人马克斯·莱文奇恩推出的。在美国，由于治疗不孕不育的手术属于非必需手术，是不受医疗保险保障的，因此，如果美国人要做相关的手术，就要自己承担巨额的手术费和后续治疗费用。马克斯·莱文奇恩想要人们通过Glow这样一款免费的手机软件来帮助自己自然怀孕，而无须借助医疗途径。这款手机软件的目的，就是要帮助美国女性在不接受人工受孕或医学治疗的情况下自然怀孕。至于Glow的工作原理，当然是通过大数据分析来预测女性的最佳受孕时段，将怀孕的概率最大化。

这些数据都是通过用户对指定问题的回答来采集的。每一个使用Glow的女性，在首次使用时都需要回答几个问题以便让Glow了解用户的基本状况。这些问题并不是精确的科学题目，而只是对用户的受孕情况做个大致的了解。

打开Glow后，需要先注册，也可以通过社交账号登录，然后进入欢迎界面，会看到3个问题。比如第一个问题是“你是第一次要孩子吗”，然后可以选择具体是第几次。第二个问题是“你们已经试了多久”，然后可以选择以周、月或年为单位的不同时段。第三个问题是让用户提供3组数据来衡量经期的循环情况。

回答完3个问题后，便是软件的使用教程，看完教程后这才进入正式的使用界面。首先Glow会提示你加入自己的“对象”，也就是男方。Glow的基本原理是“用户激励制度”，其使用逻辑是按照天排序的，每天都为用户安排了几个任务，只有完成这几个任务，才能查看明天的任务。这些任务的分配都是基于应用开始时用户回答的那3组问题的答案而定的。

这些所谓的任务可谓是五花八门。比如，收拾一下你的衣服、晚上跟朋友出去玩游戏、再等一天去验孕、写下5件在你有孩子之前想要做的事、去彻底放松10分钟，等等。整体来说，这些任务都偏重于心理方面的调整。当然，身体和心理本身就是互相影响的，通过心理调整，人们可以放下心理负担，轻松面对怀孕这件事，这样也会间接促进怀孕概率的提高。每完成一个任务，在To-Do列表上打钩就可以了。这些任务只是起到调整作用，最关键的一组数据来自每日怀孕的概率。

怀孕的概率是因人而异的，它的算法也是基于应用开始时用户提交的3组答案。Glow的预测功能也都是基于这些任务的调整和怀孕概率的预估，来帮助用户找到最佳受孕时机。在每个月，Glow都依据用户的具体情况区分了“经期”“受孕期”以及“普通时期”3种，让用户对受孕时间段有一个精确的掌握。此外，Glow还设置了一个数据导出功能，可以把应用上存储的数据导出为PDF文档并发送至用户的邮箱。这份PDF既可以用来进行自我诊断，也可以当作医生问诊的重要材料。

还有一个叫作Ovuline的软件也有同样功效。这款软件基于数据分析，目标是让女性通过非传统的方式提高受孕的概率，如基础体温制图法。Ovuline允许与女性受孕相关的各种数据的手动输入，如基础体温、子宫颈液分析、排卵测试结果、生理症状、情绪状况，以及睡眠、体重、营养摄入和日常活动等因素，还支持一些自我量化的电子设备，方便女性收集各类数据。

这款软件从2012年6月份推出以来，与服务相关的数据量已经达到250万份之多，这些数据对于正确预测是至关重要的。它利用机器学习方法和大量数据，建立了专门的算法来更精确地预测最佳怀孕时间。

当然，更重要的问题是这方法到底管不管用。Ovuline软件开发人说，公司已经收到上千封用户感谢邮件，她们在使用这项服务后都成功怀孕了。有时候一天可以收到10～15封邮件。一个与成功受孕率相关的有趣数据是，怀孕的用户平均在成为Ovuline会员60天内受孕，而美国的平均速度是4～6个月。

现在，各种功能的软件都在手机、平板电脑等移动设备上出现，它们能够利用大数据实现很多以前完全无法想象的功能，这些软件的大数据分析应用让我们不得不赞叹大数据的应用面之广和功能之神奇。

# 十五、传统企业的大数据

## 小钱包做大事情

相对商业领域来说，数据分析在体育领域还是一个比较新潮的词汇。利用尖端的科技，我们通过强大的计算机去分析大量数据，预测赛事策略的赢率、运动员的潜力甚至是买卖一支队伍。整个过程里，大数据都能帮上很大的忙：既能帮忙选择合适的球员，更能在这个过程中节省不少资金。

这些都是有事实作为证据的。比如，著名的体育统计学家比尔·詹姆斯、奥克兰运动家球队的总经理比利·宾以及和他相关的图书电影都是和通过分析数据观察运动员或者运动队实际表现有关的。

大数据时代，我们听说不少有关数据的神话。这些神话都说明，数据至上的思考方式将带来很高的回报，这里有个例子也是如此。迈克尔·刘易斯在2003年出版了《点球成金》（Moneyball）一书，这本书记录了低预算的奥克兰运动家队是如何利用经过分析的数据和晦涩难解的棒球统计学来解决囊中羞涩的问题的。他们不是使用数据分析找到更多的钱，而是通过数据分析让钱花在该花的地方。数据分析的目标是在尽可能利用最少资源的情况下让自己的球队表现更出色，让球队经理以更低的成本交易到重要的球员，而开除掉那些薪水高而回报低的球员。通过体育管理和研究人员提供的冰冷数据制定战略，而不是相信直觉或者早就过时的比赛计划。

在布拉德·皮特主演的电影版《点球成金》被搬上银幕以前很久，

深度的数据分析就已经成为棒球领域中的标准。不仅在棒球领域是这样，英国足球联赛等其他体育项目中也是如此。大数据的思维方式正在被人们接受，各行各业的人们都在利用大数据分析开展工作。

一些交友网站也经常会仔细查看其网站上列出的个人特征、回应和交流信息，用来改进其算法，从而为想要约会的男女提供更好的配对。在整个美国范围内，以纽约市为首的警察部门也正在使用计算机化的地图以及对历史性逮捕模式、发薪日、体育项目、降雨天气和假日等变量进行分析，从而试图对最可能发生罪案的“热点”地区作出预测，并预先在这些地区部署警力。

联合国则推出了名为“全球脉动”的新项目，希望利用大数据来促进全球经济发展。联合国将进行所谓的“情绪分析”，使用自然语言解密软件来对社交网站和文本消息中的信息作出分析，用来帮助预测某个给定地区的失业率、支出削减或是疾病爆发等现象，其目标在于利用数字化的早期预警信号来提前指导援助项目，以阻止某个地区重新陷入贫困等困境。

不仅如此，大数据似乎对文化也产生了影响。一个资深数据分析师说，很长一段时间，他的朋友们对他的工作都是一无所知的，而且也完全没有兴趣。而现在，他们似乎对数据分析变得好奇起来，会问他这项工作到底是干什么的。这名分析师认为，《点球成金》是促成这一变化的原因之一，但实际原因远非如此简单。不过，很显然的是，文化已经发生了改变，现在人们的想法是，数字和统计学是有趣的，是一种很酷的东西。

大数据还影响了一些我们想不到的领域，比如社交网络的运作方式的研究。在20世纪60年代，哈佛大学的斯坦利·米尔格拉姆利用包裹作为研究媒介，进行了一项与社交网络相关的著名实验。他将包裹寄给美国中西部地区的志愿者，指导他们如何将包裹带给波士顿的陌生人，但不能直接交付；参与实验者如果想要通过邮寄方式来交付包裹，那么一般因为担心安全，邮寄的目标对象都会是他们认识的人。最后结果表明，一个包裹换手的平均次数相当之低，仅为6次左右。这是对所谓“小世界现象”的经典阐释，据此形成了“六度分隔”这么一个流行词。而到了现在，社交网络研究的内容涉及如何采集庞大的数字化数据集合，用来阐释网络上的集体化行为。这种研究的结果表明，你认识但不经常联系的人——在社会学中被称为“弱关系”——是职务空缺等小道消息的最佳来源，原因是与关系亲密的朋友相比，这些人在略有不同的社交世界中穿行，因此能看到你和你最好的朋友们所无法看到的机会。

从《点球成金》的商业运营一直到社交网络的学术研究，大数据每时每刻都在发挥着巨大作用。利用好大数据，不仅能帮助人们做出正确的决策，更能节省不少开销。

## 防疲劳驾驶的尝试

交通事故目前已经成为“世界第一害”，而中国是世界上交通事故死亡人数最多的国家之一。数据显示，2009年，中国汽车保有量约占世界汽车保有量的3%，但交通事故死亡人数占世界的16%。2009年，全国道路交通事故造成67759人死亡、27.5万人受伤，直接财产损失9.1亿元；2010年和2011年，交通事故造成死亡人数分别是65225和62387人，已经连续十余年居世界第一。

同样被这个问题折磨的，还有日本。2013年1月到9月，日本因为交通事故死亡的人数达到3074人。尽管数字在逐年减少，但一次出现多名死者的悲惨事故仍无法杜绝。比如，2012年4月在京都府龟冈市发生的造成10名小学生死伤的乘用车事故，以及在关越高速公路造成7人死亡的高速观光巴士事故仍然令日本人记忆犹新。这两起事故的罪魁祸首均为疲劳驾驶。

为了防止此类悲惨事故再次发生，一些日本企业开始行动，准备通过大数据来防止疲劳驾驶。它们尝试通过收集并分析行驶信息及图像数据，将危险行驶的征兆制成图形来使用。大数据在逐步提供提高行车安全的新方法。

2013年11月，它们开始运行以运输公司为对象的新型车辆运行管理系统。该系统利用了安装在卡车上用来记录速度、发动机转速、位置信息等行驶信息的数字行车记录仪，和在行驶时录下车内外图像的汽车黑匣子所收集的数据。

以前，这些数据和影像需要在卡车返回营业所之后转移到个人电脑上，然后由运行管理人员确认当天的数据，并用于驾驶员考勤管理及指导燃效改善。但因为只能在车辆行驶之后确认数据，所以无法防患于未然。利用大数据，则可以实时察觉并躲避危机。运输公司的新服务能以无线方式将各种行驶数据即时发送给数据中心。这些数据存储在云上，运输公司可经由互联网确认车辆运行情况。然后，这些海量的历史行驶数据将被分析，并用于对疲劳驾驶的征兆进行建模。

数据分析将把不自然的速度变化与车身晃动、连续驾驶时间、是否处在容易打瞌睡的高速公路上等多种信息结合起来，建立反映打瞌睡征兆的行驶模式。如果在行驶过程中出现了与该图形接近的情况，系统就会判定驾驶员在打瞌睡，并自动以语音向驾驶员发出警告，同时还可向运行管理人员自动发送邮件。

在这里发挥重要作用的是图像数据。新服务不仅可以通过拍摄车外的景象掌握是否在安全行驶，在车内也可捕捉驾驶员的行为和表情并加以数据化。这些都对提高行驶数据的分析精确性大有帮助。尽管如此，如果车辆行驶中的所有图像数据全部都发送，则数据量过于庞大，会给通信基础设施及分析作业带来负担，所以现在这项研究的主要内容是如何高效地选出有效图像并将其保存在数据库里。

不仅是疲劳驾驶的防止，自动制动器等多种安全系统的开发也在快速推进之中。如果将这些尖端技术与从多种事故模式获得的大数据相结合，就能进一步提高精度和性能。很多业内人士认为，2030年以后有望实用化的自动驾驶将集这些技术之大成。作为提高汽车安全性的新王牌，大数据的作用恐怕会进一步增大。

## 大数据改变篮球比赛

谢东是个篮球迷，每天下午，他在结束一天的辛勤工作后，就会打开电脑，观看NBA的比赛或者经典比赛视频。NBA，美国第一大职业篮球赛事，也是世界级的运动赛事之一，不仅在美国有很多观众，全球范围内更拥有众多的球迷，在中国则有近3亿的NBA球迷。

谢东听说过大数据这个神奇的东西，但总觉得大数据离他很遥远。他没想到的是，NBA居然可以通过大数据分析来获胜。NBA通过扩大大数据算法、机器学习技术的应用和新视觉呈现方法的设计，来把数据转化为有价值的信息，最后"帮助优秀的团队获得胜利"。

在篮球比赛中，投篮地点和拿下前场篮板的概率存在着非常微妙的关系：球员每远离篮板一英尺，拿下前场篮板的概率就会降低1%。但这个概率不是一直降低，到三分线时，概率又突然变大；此外，那些没有投中的球里，有90%可以在距离篮板11英尺的范围内拿下。

这不是谁胡编滥造出来的数据，也不是哪个老教练的经验之谈，而是美国南加州大学的两位和NBA毫无关系的教授的论文结论。正是这篇论文，让他们在2012年麻省理工斯隆体育分析大会上获得了最佳研究论文奖。而这一切，都要归功于我们在2013年已经耳熟能详的一个词——大数据。

许多NBA的粉丝都知道，早在2010—2011赛季，诸如小牛、凯尔特人、马刺和火箭等球队的场馆都被联盟装上了内置芯片的摄像头。这些摄像头分布在场馆的6个角落，会以每秒25次的频率对球员和裁判还有球进行动作追踪，并进行数据反馈。等到2012—2013赛季，使用这些摄像头的球队已经达到15支。

上面提到的两位教授之一对这些摄像头追踪到的数据进行了记录并建模分析，从而得出了上面提到的结论。数据化似乎已经成为运动场上不可逆转的趋势。在此之前，NBA已经决定掏钱为每支球队装上这套系统，同时将这些信息选择性地通过NBA TV和NBA.com传达给观众。球队成员们则开始苦恼，因为他们不知道这些数据能用来做什么。两位教授的研究似乎正好解决了这个问题。在获奖后，联盟和一些球队便对他们非常关注。于是两位教授成立了一个公司，要把这件事从理论研究拓展到真正的商业行为上来。

现在，他们做的事就是把这些运动追踪摄像头捕捉到的数据收集起来，通过机器学习和分析，向球队提供包括比赛、练习甚至观众观看等方面的建议。但是，他们最有价值也最困难的地方，在于识别、分析之后的视觉呈现。

他们会有一个软件系统，可以对不同的数据进行分析，并通过匹配的可视化工具，让球员或者教练看到最直观的结果，从而对球员阵容和位置等战术进行调整。拿篮板球来举例，这个系统可以统计球运动的位置和落点，并把篮板球最多的区域用最深的颜色标注出来，从而告诉球员应该怎么在抢篮板时站位；此外，它甚至还可以显示球员不同挡拆组合的成功概率，为教练的安排提供依据。所有这些技术都来自他们团队多年的研究，而这个平台已经成了他们的专利。

通过NBA的经验，我们可以发现，大数据已经渗透到各行各业，只要你有足够的想象力，大数据能帮你做任何事情。

# 第六章　个人与政府的新机遇

大数据时代，数据并不是最重要的，如何使用数据才是最重要的。同样的数据，交给不同的人来分析，可能分析的结果会各有不同，最后的用处也各有不同。我们在生活中会遇到越来越多的大数据，只要对其科学分析、合理利用，每个人的生活品质都会得到提升。

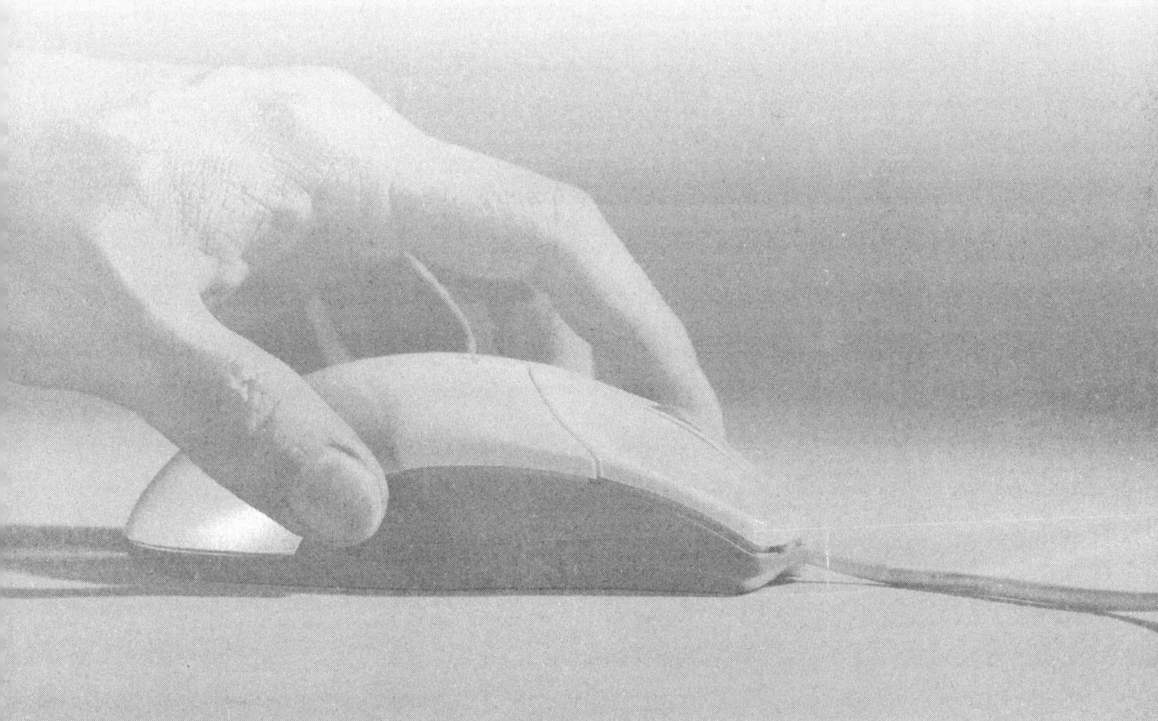

# 十六、工作中的大数据

## 搜狗热词的秘密

每天固定的时间，小王就会点击网页，打开“百度搜索风云榜”和“搜狗热词”，看看最近网上的人们都在关注着什么话题，然后他会搜索相关的话题内容，开始准备一天的工作。小王是国内某综合网站的编辑，他的工作成绩与有多少人浏览了他的页面密切相关。在每年的评比中，他都能获得很不错的成绩。他的秘密就是只做热点新闻。而获悉哪些新闻是热点新闻，就完全靠百度搜索风云榜和搜狗热搜榜了。

再看看另外一个人，网民老王。老王是一个音乐爱好者，他很喜欢

搜狗热词 HOT!

| 今日TOP10 | | | 一周热点 | | |
|---|---|---|---|---|---|
| 1 | 日本外相见中国... | 7865 | 1 | 李亚鹏圈钱 | 27767 |
| 2 | 2013十大网络语 | 7488 | 2 | 秦陵军备库 | 27032 |
| 3 | 加多宝赔千万 | 7291 | 3 | 翻版张柏芝 | 26705 |
| 4 | 夺命快递 | 7149 | 4 | 张亮热吻娇妻 | 25562 |
| 5 | 上海大学逼婚门 | 6821 | 5 | 中央殡葬改革 | 25397 |
| 6 | 狗叫翻译器 | 6402 | 6 | 银行放贷黑幕 | 24061 |
| 7 | 阿富汗斗狗比赛 | 6015 | 7 | 蓝洁瑛被强奸 | 23257 |
| 8 | 最搞笑劫匪 | 5983 | 8 | 拉萨浮尘天气 | 21264 |
| 9 | 豪车高速被烧 | 5635 | 9 | 禽流感H10N8 | 20776 |
| 10 | 比基尼教师 | 5528 | 10 | 18个城市调控新政 | 20709 |

更多热词>>

搜索风云榜

看电视台的音乐选秀节目。最近，因为工作繁忙，他错过了很多期节目。而这天，当他无意间看到电脑屏幕上的搜狗输入法照例弹出的每天的热词更新提示时，头条显示了“胡夏（《超级星光大道》首位内地冠军）”，好奇的王先生毫不犹豫地点击“胡夏”这个名字，于是浏览器打开了搜狗搜索引擎搜索出来的有关胡夏的各方面的信息，其中第一条就是小王刚刚发上去的新闻。

如今，有越来越多的网民像老王一样，由于点击搜狗输入法更新的热词而直接链接到搜狗搜索关于该热词的查询结果，实质上也就完成了一次搜索。搜狗热词本来是基于搜索结果以便用户输入的产物，但实质上是按期对网络流行事件进行筛选，并通过热词更新提示（附简朴注释）的方式推送给用户，因而具有推荐时下热门新闻的媒体属性。比如因为工作繁忙一直没有关注选秀节目的老王或许不知道“胡夏”是什么意思，但括号内的注释提示——内地首位获得《超级星光大道》冠军的歌手令王先生产生了搜索的兴趣，而直接点击这项热词无疑是最便捷的搜索方式。

这预兆着搜狗输入法的真正价值或许是创造了一种不同于其他搜索引擎的搜索来源。对很多网民来说，他们过去关注网络流行事件的渠道可能是逛论坛、看新闻网站，但现在大可以关注电脑右下角按期弹出的热词提示，再针对自己的爱好顺手点击，链接到搜索结果页面。而且，假如用户点击“更多热词”选项，页面就会跳到“搜狗热搜榜”，这个榜单分门别类汇集了各类热词，活像一个超级迷你的新闻门户。而对于小王这样需要关注普通网民在关注什么的职业人士来说，搜狗热词就像是一个标杆，能让他的工作省心很多。

“百度搜索风云榜”是小王经常查看的另外一个网页，这个网页有实时热词、七日关注、今日上榜等小板块，分别反映出全国网民们正在百度上搜索着什么、七天内最关注什么、今天最关注什么。根据这些资讯，小王可以结合搜狗热词来更好地制作每天的新闻内容。

2013年12月22日，百度2013搜索风云榜在百度沸点晚会上新鲜出炉，中国网民在百度上整年的亿万次搜索大数据以二十四大榜单的方式呈现出来，渗透政治、经济、文化等社会生活的方方面面。“天气”一词则登上“2013年十大热搜词”榜首，成为过去一年中国网民通过电脑和手机搜索点击出来的第一热词。如果你是每次在百度账号登录的情况下使用的百度搜索，你还可以查看你这一整年在百度上搜索了哪些内容。百度还会根据你搜索过的词来预测你属于哪种类型的网民。这些都是百度基于大数据分析得出的结果。

搜狗拥有输入法、搜索引擎，那些在输入法和搜索引擎上反复出现的热词，就是搜狗热搜榜的来源。通过对海量词汇的对比，找出哪些是网民关注的。而百度的搜索引擎更是中国网民最常用的，百度搜索风云榜的实时更新，正好给小王这样的有心人提供了很好的资讯。这就是个人工作中对大数据的巧妙利用。

## 猿题库的创业

李俊大学毕业后找了一份不太理想的工作，最近一年他一直想换个工作。思前想后，他最后决定报考国家公务员。于是，他开始准备公务员考试，在网络上到处找相关资料。上个月，他找到一个叫作“猿题库”的手机软件，并在猿题库上注册了自己的个人账号。当他开始进行“行测”的第一轮测试时，他已经开始了自己在猿题库的数据旅行。

和李俊一样，其他20多万人都通过这个软件进行了“行测”的第一轮测试，每个人做的题目都是一样的，总共15道题目，在他们答完后，系统会根据他们的得分情况给出第二套题，这第二套题涵盖了前面测试里考生欠缺的考点。而第二套题的题目则是大数据运算的产物。

猿题库是一款非常成功的产品，上线不到3个月注册用户即超过20万，答题总量达到2258万次。这款产品之所以这么受用户欢迎，是因为它基于大数据而具备的智能化。它汇总了两万道题，每道题对应一个知识点和难度，系统会基于用户留在题库的数据，测量用户对知识点的掌握程度，已经掌握的会有更难的题目挑战，没掌握的会用不同题目多次挑战。系统会根据每个用户的情况生成不同的试卷。

猿题库联合创始人兼产品技术总监郭常圳是这么解释第二套题的生成过程的："因为第一套是从1500道题里挑选15道题产生的试卷，完成后系统根据你练习的掌握情况，包括知识点、难度等，自动生成100套题，然后根据遗传基因算法，两两适配，这个时候题目从100套变成200套，系统对200套卷子根据你的情况打分，过滤掉一半，从而留下100套卷子再进行打分评价，再两两组合并挑选得分高的一半试题，重复以上步骤100次。这样几乎是从一万套试卷中产生一套你专属的卷子。"也就是说，在第二套题产生的过程中，每个用户的行为就是大数据运算的来源，用户接受运算结果并继续做题的同时，也给数据库充入新的数据源。用户做题越多，系统对他能力的评估就越精准，越能给用户量体裁衣推送最合适的题目。这就像是玩一款游戏一样，你参与进来以后，通过你的做题表现，实际上形成了自己的做题进程，这个时候你就很难抛弃而要一直做下去，因为这里有你的数据，这些数据对你认识自己的能力很重要。

不仅如此，这套系统还有启发式的自我纠错功能。比如，10个系统认定高分的考生都错在同一道简单题上，那么后台将会自动提示"这道题答案可能错了"，工作人员会及时对该题进行核查。也就是说，猿题库的整体系统和算法并不是封闭和死板的，而是可以不断优化，去弥补现在的遗漏之处。

猿题库的创始人叫作李勇，他曾经做过好几种成功的互联网产品。作为天使投资人，李勇曾发起了陌陌、雪球财经、虎嗅网等项目，单就前二者的估值看，他已经算得上中国最成功的天使投资人之一，甚至有人把他和雷军系等相提并论，认为他们是同一层次的投资者。而他却觉得做投资不是他想要的，创业倒是能给他更多的成就感。2012年4月他辞去网易门户事业部总裁的职位后，和团队做出了两款在线教育产品，猿题库就是其中一款。

猿题库是一款定位公务员等职业考试的在线智能题库，是他全力以赴的项目。看上去，这确实是一个很不错的创业方向。2012年中国有200万人报考公务员，40万人参加司法考试，而应试教育的考题都有延续性，“做题”是很多高分考生的不二法门。这些考生对未来充满期待，被公认是最有付费动力的“刚需”，有时就因为“可能会有用”的一本书或一次讲课乃至一套真题花费上万元。

既然前景这么好，为什么没有很多公司进入这个领域呢？因为，这个创业方向看上去很美，但也很危险。很多公司曾经冒失地进入这个领域，最后亏得血本无存。他们之所以输，主要是输在体验上。

李勇认为用户的体验十分重要，他花了很多心思在提升用户体验上。首先，他分析了过去已经存在的绝大部分题库，发现每个题库都或多或少地存在着问题：题库覆盖面不够，答案解析不全，且回答质量参差不齐，没有标准化，等等。李勇很多的心思都花在了解决这些问题上。

猿题库最大的优势，在于它通过大数据的分析，给每个用户量身定制了一套做题方案。还记得塔吉特关于大数据挖掘的经典案例吗？掌握海量信息的商店甚至会比一位父亲更先知道她的女儿已经怀孕。而备考题库产品猿题库的产品愿景也与此类似：在考试方面，它要做到比你自己更了解你，从而帮助你更有效率地练习。你哪道题不会，什么地方有遗漏，它都会告诉你；如果你练习得够勤快，它还可以告诉你，在尚未举行的考试中你能拿到多少分。

到现在，猿题库已经非常成功，作为一个创业公司，它已经实现了收支平衡。现在，李勇把猿题库视为一个大数据产品，把公司定义为一个大数据公司，他想到的要比现在所呈现的多得多。当然，既然把自己定义为大数据公司，李勇所想的仍然是数据的生意，他称猿题库是个学习型产品，但是定位和教育测量有关，所以会利用所拥有的数据尝试和教育机构进行合作。

# 十七、生活中的大数据

## 量化自我的健康生活

焦亮是一个公司白领，他很喜欢使用手机完成各种事情。他的手机记录下了各种数据。这个月，焦亮一共打了35个电话，平均每次通话14分钟，根据手机显示，最后一次电话他打了22分23秒。前天晚上，他搭乘地铁去往天通苑，路上一共花了1小时11分，他手机上的秒表记录了这个数字。这一周，他一共晨跑45000米，一个运动记录软件告诉他，这个记录超过了90%的朋友。而手机上的多看阅读告诉他，他一共读了210本书，超过了98%的用户。一款可以使用摄像头测试心跳次数的软件告诉他，他的心跳次数为62次/分钟。他刚刚在微信上玩了一把“打飞机”游戏，游戏结果告诉他，他在所有好友排名中排在第二位……

腕表式血压计

以上是焦亮的手机记录下的各种数据。一个小小的设备，居然能够记下如此之多的数据，这在20年前是完全无法想象的事情。同样的事情在世界每个角落发生着，怀孕的准妈妈使用一款记录胎动次数的软件记录着胎动，一位老人使用一款倒计时软件提醒自己按时吃药，一位少女使用一个便签软件记录下自己每天体重的变化……这些场景在生活中随处可见，我们已经见怪不怪。

很多中国人都在以数字记录着自己的日常生活，而美国人在这一方面做得更多一些。最近的一项调查研究显示，平均每10个美国人就有7个人按时记录自己的身体数据，用来记录身体数据的设备则多种多样，比如大脑、纸笔、电脑、平板电脑、手机，等等。这项调查里，大约有3000人承认，他们记录最多的数据项是体重和饮食。另外有1/3的人则记录身体内部的各项数字——从血压到睡眠到血糖。美国消费电子协会数据显示，2012年美国健康市场是一块价值700亿美元的蛋糕。预计2018年以前，每一年都会有4.85亿可穿戴设备面向市场出售。而“关注人的可穿戴科技”公司Jawbone的估值已达10亿美元，或者可能更多。

大数据时代，人们越来越习惯用数字来量化各种事情。在各类传感器开始大量出现的今天，我们也越来越习惯用数字记录自己的健康数据。2013年6月，百度联合咕咚网推出一款名为“咕咚手环”智能可穿戴式设备。咕咚手环支持运动提醒，还可通过记录睡眠在最理想的时刻将佩戴者唤醒。用户可将该手环穿戴在手腕上，24小时监测每天活动量及睡眠情况，并能根据使用者睡眠深浅状态，在应该叫醒的时间段中的浅睡状态下通过震动来唤醒佩戴者。这个手环是首款基于百度云开发的便携式设备，它能与百度云结合，用户可以把运动手环中所记录的数据实时汇总到百度云端，随时记录查看。咕咚网与百度云的合作还将进一步深入，蓝牙体重秤、蓝牙自行车码表等一系列手机智能配件将会陆续推出。

咕咚手环就是一个很典型的使用传感器量化健康的设备，目前这类设备还不够普及，但在未来，这类设备将占据我们生活很重要的一部分，从咕咚网和百度云的合作就能够看出。

量化身体数据指的不仅仅是那些糖尿病人每天测量血糖以控制病情，更是一种普通人的生活方式。我们正在成为我们自己身体的科学家。一些数字的忠实信徒不仅记录自己吃的每一口食物、走的每一步路，还将数据上传云端，与他人分享。如果说以往人们还是把自己的人生放进一个堆满照片的小盒子里的话，如今我们的人生已经散布在网络世界和电子设备里了。

不仅是健康方面，连家庭关系也开始被量化。一位美国女演员受到一本书的启发，决定将她和她丈夫的关系进行量化。她把婚姻比喻成一个夫妻双方共同管理的银行账户，而将促进关系发展的行为视为存款，导致关系紧张的行为视为取款。量化就这么进行了下去：如果丈夫说了什么不好的话，她可以从丈夫的账户里取走30%，而如果她因为什么不高兴的事情和丈夫打起来，丈夫则有权取走她户头上的所有积蓄；反之，如果谁精心准备了一顿晚餐等，则可以获得额外存款。她坚持记录了好多个月，觉得受益匪浅。她自嘲地说自己其实是一个不怎么有条理的人，却迷恋让一切结构化的想法。她和她丈夫都自称“自我量化者”，并参与到量化自我的运动中。

“量化自我”一词来源于《连线》杂志主编凯文·凯利和加里·沃尔夫，他们在2008年提出这个概念，用来借指那些不断探索自我身体以求能更健康地生活的人们。5年后，成千上万的量化自我运动的坚实拥护者开始在整个美国范围内组织聚会，还有数百万涉足量化自我的参与者也加入其中。不只是那些将血糖数据从血糖控制器传送到智能手表上的糖尿病人，也不只是通过测量来控制每天摄入的黄油量的人，更多的是那些更有力地控制自我的人，他们每天记录自己做了多少个俯卧撑、每天上班路上的时间有多长、跑步或者骑车锻炼的频率有多高，等等。还有一部分喜欢宠物的人，则试图记录他们宠物的日常数据。也有人将之用在婴儿的身体数据监控中，比如检测婴儿的体温还有活动。当然，也有不少浪漫的自我量化者，比如那些每天为孩子拍一张照片以记录他们长高数据的父母。这些以各种方式量化自我的人，共同组成了一个“DIY大数据时代”。

一定要追溯的话，量化自我其实很早就有了，比如写日记记录下当天的天气和自己的心情就是一种量化自我的表现。而要像今天一样大规模地形成运动，则完全依靠科技的帮助。在今天，各种传感器大量出现、迅速普及，人们才大量成为自我量化者。

其实当今世界几十亿的人群，每天通过手机产生的地理位置、视频、照片、声音等信息都算是量化世界中的一部分。自我量化者自然也是在为大数据做贡献。大数据与大小无关，它指的是如何用数据来产出新的东西。我们正在随时随地收集我们自己的呼吸以及心率数据——这是从前只有大的调查研究室才能做到的，而如今这样的数据正在爆发。

## 大数据的交通红利

10年前，大学生李帅第一次来到北京旅游。他带着激动的心情，想参观故宫、天坛、颐和园、圆明园和众多的博物馆。不幸的是，下火车后他和同伴走散了。两个人都没有手机，没法联系上，钱也在同伴身上，李帅傻眼了。同伴对北京很熟悉，所以此前李帅根本没做什么准备，他是想一路和同伴一起的。现在，他要一个人到他们定好的旅馆与同伴会合。该怎么办呢？他一个人很费劲地研究着地铁线路，好半天之后，他放弃了，决定还是问路。北京的大爷大妈们很热情地给李帅指路：“你往东走200米，在那个胡同那儿往南拐，再乘坐……”“你往北走，那边有一个天桥，你走到天桥北边然后往西，再坐……”李帅从来都不知道东南西北，面对各位大爷大妈的热情和不一致的指导，李帅还是不知道该怎么办。最后，李帅在报刊亭买了份地图，终于解决了问题。

地图真是一种非常有用的东西。李帅在地图上查看了公交和地铁的线路，顺利地找到了旅馆。地图上，每条地铁线路的颜色都各不相同，你还可以在上面看到线路交叉的站点，如此一来，要知道在哪里换乘，就很容易了。可以说，就因为一份地图，弄清楚怎么走路突然之间变成了一件轻而易举的事情。

10年后，李帅再次到北京旅游。马虎的他出行前又没怎么规划，这次他有了经验，一下火车就买了份地图。他在地图上找了很久，还是没找到他要去的那个地方在哪里。没办法，他直接叫了一辆出租车。出租车司机是个新手，碰巧李帅要去的那个地方他完全没听说过。李帅一听急了，准备下车，司机却毫不着急，让他稍等。然后，司机不慌不忙地从口袋里拿出手机，依次打开了GPS定位功能和百度地图软件，将李帅要去的地方输入软件里，软件很快生成了一条线路，然后司机很顺利地根据线路开到了目的地。

李帅的这两次经历，告诉了我们什么呢？

第一次经历，李帅开始虽然有大爷大妈给他指路，却还是怎么都搞不清楚路线，后来借助一份地图就搞清楚了。因为大爷大妈非常口语化和个性化的指路，对于置身陌生城市的李帅来说，还是很难量化成具体线路，而地图犹如一份完整的有关公交、地铁、建筑的数据，有着非常精细的描绘和统一的量化标准。只要弄清楚地图是怎么查看的，李帅找到旅馆的可能性就大了很多。可是，为什么第二次经历，李帅还是拿着那份地图，却找不到位置了？因为随着中国各地经济建设的迅猛发展，各个城市的面貌在迅速发生着变化，地名也一样。可能一夜之间，很多老地方、老店铺消失了，很多新地标、新建筑诞生了，而地图的发行从勘察到印制要经历很多个环节，这些环节让地图永远跟不上城市的变化。而出租车司机使用的百度地图和传统地图完全不一样，它是互联网地图。互联网地图具有实时性，哪个地方的线路和地名有了变化，网络地图上就可以直接呈现出来。

现在，出门前和路途中的人们，问路越来越少，很多人都直接通过手机地图查询到目的地的线路。而且，手机地图已经越来越超出传统地图的功能定义。比如百度地图，既具有查地点路线、卫星导航等几乎“不值得一提”的常规功能，更具有一些超乎想象的便利功能，比如百度地图可以告诉你附近哪里有公厕、快餐、自助取款机、加油站，可以告诉你离你300米的某个商场正在举行一场女装三折特卖、楼下的餐厅在搞中餐六折大促销、1000米远的写字楼里有家公司在招聘员工、楼上有一套房子在招租、某某街道刚发生车祸并有某帅哥在现场发回的照片……

细加辨别，不难发现，百度地图有一个非常重要的特质，这就是：百度是在做一个微地图，以满足用户方方面面的需求，包括各种生活细节的服务。从总体功能上看，百度地图不再着眼于地图线路及覆盖范围，更不是侧重于导航，而是用大数据来支撑细分的本地生活服务。

百度地图相对于传统地图最大的优势是什么呢？答案自然是大数据。大数据是手机地图的绝对优势，数据量的大小直接决定了地图的详细程度和能够提供服务的多少。而且，百度处理的是全互联网数据。截至2013年12月，百度地图拥有2亿用户、3500万地标信息、420万千米路网数据、344座城市卫星图、500万商户数据……仅以导航为例，每天数十亿次用户的定位请求和响应转换成位置信息，实现了智能导航基础上的生活服务本地化。作为最具优势的主流生活服务平台，百度地图已容纳60余家数据合作伙伴，提供500多万生活服务类数据，日均定位请求超过35亿次。在此背后，除了预订酒店、电影票、餐馆之外，还包括附近的团购、优惠、外卖等，用户都能通过手机完成。

像百度地图这样借大数据为用户提供便利的软件还有很多，这些都是大数据时代给个人带来的便利。人们将各种新的信息发布到各个大数据平台上，而更多的人在分享着这些数据带来的便利。大数据时代，每个人都在创造着数据，每个人都在享受着大数据创造出的红利。

# 十八、大数据致富之路

## “垃圾达人”的数据挖掘

2013年，互联网上有这么一个真假难辨的神奇传说：一个看上去很有想法很有追求的小伙子不知道怎么想的，跑去应聘上海某高档小区的物业管理。他的兴趣好像并不只在工作上，因为他经常在非工作时间跑到小区的垃圾堆里。他不是饿极了找东西吃，而是拿着一把超市里用的扫描枪扫描垃圾上的条形码。不知道的人看到这里可能以为他疯了，谁会没事拿着垃圾扫描啊？其实，这个小伙子是个有心人，他通过扫描各种包装袋、包装盒上的条形码，整理出了很多有用的数据。比如这个小区居民大多喝什么水，这个就可以通过他扫描过的矿泉水瓶看出。同理，小区居民爱吃什么牌子什么品类的油、买什么价位的衣服等数据也都被他收集到手。最后，他将整个小区的消费种类和品牌偏好都了解清楚了，形成了一份非常详细的报告，并卖给了期望得到这些数据的某相关公司。这份报告，给他带来了几十万元的收入。

生活中条形码处处可见

看上去这真像天方夜谭，但在大数据时代里，这样的故事只会越来越多，直到我们对此习以为常。这个传说是真有其事还是只是杜撰，我们无从知晓，但小伙子的这套方法确实是行得通的。生活中条形码随处可见，这个条形码对于厂家和商家来说很有用，可以方便管理，但一般个人很少想过如何能够用上它做点什么。如何在海量数据中遴选出有用数据，这是一个巨大的商机。有些企业需要这样的调查报告，而有人能提供这样的报告。这就是大数据时代的商机。这个故事描述了我们正在进入的大数据时代里的新商机。这个把垃圾变废为宝的小故事只是当下大数据时代中的一个缩影，以后这样的“垃圾达人”还将不断产生。

2008年，阿里巴巴的业绩开始爆发式增长。也就是这一年，阿里巴巴通过对网上交易数据进行分析，成功预测到即将到来的全球金融危机，并提前将这个结果告知了客户，这一举措使很多客户都成功避免了金融危机的冲击。不过那时，了解大数据的人还很少。2013年则被公认为世界的大数据元年，这一年里，数据出现井喷，各行各业的管理者都在讨论大数据。哈佛大学社会学教授加里·金说：“这是一场革命，庞大的数据资源使得各个领域开始了量化进程。无论学术界、商界还是政府，所有领域都将开始这种进程。”而在未来，数据将会像土地、石油和资本一样，成为经济运行中的根本性资源。在小数据时代里，我们都认为信息是个好东西。但是在大数据时代，信息爆发式增长，给存储、管理和分析信息的人带来巨大压力。在大数据时代，无论是个人、企业还是政府，都面临着如何管理和利用信息的难题。与此同时，随着数据数量的汇集，数据的管理和分析工作变得格外重要。数据的价值正在成为企业成长的重要动力，它不仅提供了更多的商业机会，也是企业运营情况及财务状况的重要分析依据。如果我们平时做一个有心人，也不难从各种看似不起眼的数据中发现数据。

有一个小段子说，一个互联网公司的数据分析师下班回家，在电梯里遇到保洁员阿姨。两人打了个招呼后，保洁员阿姨淡淡地问道：“最近你的压力大了不少吧？”数据分析师心里一惊，心想：“难道她知道老板找我谈话的事？不可能吧……”于是带着怀疑问保洁员是怎么知道的。保洁员阿姨淡淡一笑，回答说：“你们这帮人中，就你一个人抽黄鹤楼牌的烟，我发现这几天黄鹤楼的烟屁股多了不少，就这么猜测了。”数据分析师深感佩服，不由感叹道：“高手在民间啊，少林扫地僧啊，阿姨简直是神一样的存在！”

这个小段子跟大数据没什么关系，却跟数据分析有点关系。同样是垃圾，一点小的线索也能让保洁员阿姨做出正确的判断。可见，数据是随处可见的，只要是有心人，哪里都能够进行数据分析。在大数据时代，我们能够感受到更多数据的存在，只要我们能转变思维，就算身在垃圾堆，也能变废为宝。

## 卖掉自己的大数据

大数据时代，很多公司都在致力于海量数据，并分析用户的消费模式、生活习惯、地理位置等信息，以求进行更精确、更迅速、更智能的营销。而在一些用户看来，这些公司如此行为无异于把用户当作不断生产羊毛的羊，它们所做的是把用户产生的数据收集到一起，而最后产生的利润却跟用户一点儿关系都没有。对于这些行为，他们表示不能接受。一位居住在纽约布鲁克林的软件开发者费德里科·萨内尔就是其中之一。

2012年，美国的互联网广告行业产值接近300亿美元，而萨内尔觉得，他每天都上网看视频、看广告，但是自己贡献了那么多居然没有得到一毛钱的回报，反倒让广告公司赚翻了天。萨内尔表示：“那些公司在用我的数据赚钱，当你使用它们的产品时，它们在获取你的数据。最后，它们赚了几十亿美元而我却一毛钱都没得到，这不公平。”根据预测，在2013年，美国的互联网广告行业产值将超过4000亿美元，于是萨内尔决定在这趟热潮中淘点金。他在一个众筹网站上发起了一个项目，从2月份起便开始收集自己所有的数字轨迹，从网站到聊天记录到照片到GPS数据，到5月份的时候，已有7GB数据。根据萨内尔自己的统计，7GB的数据中一共有280万行文本信息（包括他所访问网页中的所有HTML、CSS、JavaScript代码），算下来有1500本书。软件记录的鼠标点击次数75.5万次，并排所有鼠标指针的像素长度为2英里261英尺。电脑摄像头自动拍照2.1万张图片，总计1.9GB容量以及约2万张屏幕截图。从其用GPS记录的地理位置信息来看，他在这3个月所行走的距离为1.9万英里，地理位置信息包括经纬度、高度、街道名称、城市、邮编和国家。他准备把积累了3个月的隐私数据卖掉，而且已经成功炒到1100美元，合计下来，每GB的隐私数据要卖1000多块钱。从萨内尔的价目表来看，一天的所有隐私数据售价为2美元，而这3个月所有数据的售价为200美元。花2美元你可以得到70个网站记录，500张屏幕截图，500张视频截图，一份GPS数据，一份应用程序使用记录，外加所有的鼠标运动轨迹。

萨内尔的意思很明显，与其让那些大公司贩卖我的数据赚钱倒不如我自己把自己给卖了。在他的Kickstarter页面上，萨内尔写道："如果大家都像我这样做的话，我想那些卖家就会直接向我们购买私人数据了。我知道这听起来很傻，可是把这些数据拱手让人也挺傻的。"萨内尔并不是第一个有这种想法的人。问题是，单独或者极少量的数据不具备研究价值。因此，那些大公司总是大量且长期地购买这些数据，这也是为什么Facebook和谷歌能这么值钱了。

有一个问题摆在我们面前，大数据究竟是服务于个人还是服务于商业呢？如果是服务于个人的话，服务商收集用户数据无可厚非，用户拿不到任何报酬也毫无怨言。但是如果服务商收集了用户的数据之后再去为其他商业活动服务，服务商是不是应该根据用户隐私数据的贡献程度来对利润进行分成？

数据，产生于用户，又服务于用户，获益的也是用户，但是摆在台面上的是广告商、服务商从基于用户行为而获取到的大数据中获利最多，赚了最多的钱。萨内尔的举动在大数据时代具有标杆性的意义。大数据是一座金矿，而金矿并不是凭空产生的。金矿的制造者正是每个身处大数据时代的人，当很多公司去采集大数据这个金矿赚得盆满钵满时，提供金矿的人们却没有分到应有的红利。当越来越多的人开始关注自己生活中产生的"大数据"，开始关注自己的隐私数据是不是免费提供给一些公司赢利时，我们享受到的数据红利也将越来越多。

# 十九、大数据帮助政府决策

## 世纪选举的背后

2012年，美国总统奥巴马仰仗其大数据分析团队，击败竞争对手成功连任。这个故事充满了戏剧性元素，让好奇的人们想知道，到底大数据在选战里起到了怎样的作用。

最近一届总统选举前，奥巴马的政治前途扑朔迷离，充满变数。从政绩上来看，经济危机的艰难局面让在任总统没法将美国全国的失业率控制在74%以下；从选战的过程来看，竞争对手罗姆尼的演讲水平也相当高超，公开辩论中二人难分伯仲；从对民众要求变革的呼应来看，临选前的民意调查，多数被调查者认为对手关于未来的见解更令人欣赏；从历来决定胜负的竞选烧钱来看，对手花了4亿美元，而奥巴马全程支出仅为3亿美元。奥巴马要继续留在白宫，似乎非常困难。但最终他还是以332票：126票领先对手罗姆尼，在不被看好的情况下赢得选举。

奥巴马赢得选举不是靠运气，而是仰仗其背后成效卓著、以数据分析见长的竞选团队。奥巴马团队中竞选总指挥吉姆·梅西纳表示，在整个竞选过程中，没有数据作为支撑的活动根本不存在，而对多种来源的数据进行搜集、整理、分析和运用，确保了以证据为基础的决策。

奥巴马团队的数据专家们在连任竞选前两年就开始收集大量数据，将民主党零散的选民数据库汇总在一起。在考量了重要性和费用支出的前提下，奥巴马团队的数据专家们针对目标选民和拟开展的活动开发了不同的预测和分析模型。如对每一个群体的选民都进行建模，进而预测他们的捐款途径。模型可以根据实际情况进行动态调整，以提高分析的精准性。如在俄亥俄州，数据分析专家获得了约29万人的投票倾向数据。这是一个包含1%选民的巨大样本，使他们可以准确了解每一类人群和每一个地区选民在任何时刻的态度。当第一次电视辩论结束后，选民的投票倾向发生改变。由于数据分析专家的支撑，奥巴马团队可以立即知道什么样的选民改变了态度，什么样的选民仍坚持原来的投票选择。在竞选过程中，接触目标选民并说服他们非常关键，广告是非常重要的途径，而要让每一笔广告费用的花费都物尽其用，就离不开数据的支持。奥巴马团队的一名成员表示，他们可以通过复杂的数学建模来找到目标选民。

在连任竞选中，奥巴马团队充分信任数据分析，恰到好处地利用各种场合来争取选民。在每一次动员活动和公开辩论前，奥巴马团队都能根据受众的特点选取其最关心的议题，精心准备、博得支持。动员渠道和互动方式的选择也为目标选民量身定做。如奥巴马决定在社交新闻网站Reddit上回答问题，当时很多人弄不明白原因。一名官员坦承：将奥巴马放在Reddit上，是因为发现很大一部分目标选民在Reddit上。通过分析发现，在竞选双方拉锯僵持的各州（摇摆州）的电话参选动员上，来自“摇摆州”的奥巴马竞选志愿者，他们打给目标选民请求支持的电话效果优于非“摇摆州”志愿者打去的电话，助选策略随之调整。越来越多的选民因为奥巴马与他们心意相通的亲密接触，而果断地选择他作为新一届领导人。

奥巴马团队对社交网络等信息平台的运用也很成功。类似于我们身边企业“扫楼式”营销，奥巴马团队在Facebook上开展了大规模的投票动员活动。在竞选冲刺阶段，下载一款应用的用户会收到多条消息，其中包含他们一些好友的照片，而这些好友来自“摇摆州”。这些用户接到通知，只要点击按钮，就可以呼吁这些好友作为选民采取行动支持奥巴马。这一举措效果很好，由于呼吁来自熟人，大约1/5收到Facebook请求的“摇摆州”选民作出了响应。Facebook准确、快速的推荐算法，为奥巴马连任助了一臂之力。

在竞选资金的争夺上，奥巴马团队切实依靠数据分析也显得颇具章法。奥巴马与对手罗姆尼都获得了差不多10亿美元的筹款，但其网络筹款是对手的两倍之多。奥巴马团队筹得的最初1亿美元中，98%来自少于250美元的小额捐款，而罗姆尼团队这一比例仅为31%。由于从广泛数据来源中获取的洞察力，奥巴马团队的竞选活动与广大的草根阶层选民也开展了有针对性的互动，因而赢得了他们的支持和捐款，既赢得人气又筹到了款项。

## 旧数据的新用途

各国政府在多年的政府服务中积累了不少各方面的数据，这些数据有些是几十年前的，有的甚至有数百年历史。那么这些数据除了偶尔被历史学家们考证使用外，还能派上其他用场吗？答案是肯定的。

人们在看待数据时，常常会犯一个常见的错误：他们喜欢新的数据，认为新的数据更及时、更全面，而那些陈旧的数据似乎没什么用处。而事实远非如此。很多旧的大数据里，也蕴含着不少我们没有发觉的金矿。这些数据被整理分析后，一样能让人们得到非常有用的信息。

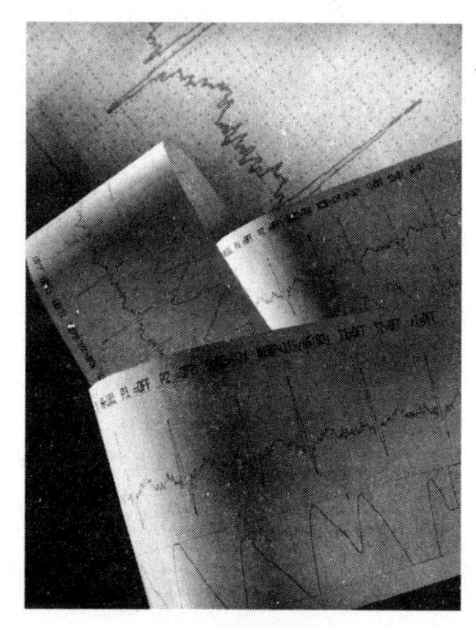

心电图数据纸带

美国著名摄影师和出版人里克·斯莫兰是一个有趣的人，他做了许多跟大数据有关的摄影项目，其中有一个项目叫作“大数据人类面孔”。这个项目启动的一个为期8天的“测量我们的世界”活动，邀请全球各地的人们通过智能手机实时地分享和对比他们的生活。其中，有一张照片是里克·斯莫兰和一位计算机科学家、一位心脏病学家兼计算生物学家站在一堆废弃的心电图数据纸带中。这个3人团队创建了一个全新的计算机模型，它可以用来分析那些曾经被丢弃的心电图数据，从中发现被忽视的心脏疾病复发信号，并能大大改进今天的心脏病风险筛查技术。

对于很多人来说，那些已经过时的心电图数据是毫无价值的，所以那些数据纸带完全就是一堆废纸。可是，聪明的科学家们就是对那些废纸里的数据进行分析才得到振奋人心的科研成果的。

不仅是科研方面需要陈旧的数据，其他方面一样可能需要。

比如商业领域就曾有这么一个例子：一家石油勘探公司有一个新系统可以提供尼日利亚的3D地质数据，但是该公司没有太多的文件数据库以供这个系统来进行深度分析。一位存储管理员记得某处存有大量的旧图片，然后他通过一个商业智能分析工具来分析这些数据是否可以用于新系统——尽管在数据格式上有很大的差异。结果这家石油勘探公司可以将数十年的旧数据导入新系统。这些旧数据与新的材料交叉分析，帮助这家公司取得了几项重大发现。

以上是科研和商业方面的应用。而在政府服务方面，美国政府就有一个很好的反面的例子。

朝鲜战争爆发前8天，美国民间咨询公司兰德公司通过秘密渠道告知美国对华政策研究室，他们投入大量人力和资金研究了一个课题："如果美国出兵朝鲜，中国的态度将会怎样？"而且第一个研究成果已经出来，虽然结论只有一句话，却索价500万美元。当时美国对华政策研究室认为这家公司是疯了，他们一笑置之。但是几年后，当美军在朝鲜战场上被中国人民志愿军和朝鲜军队打得丢盔卸甲、狼狈不堪时，美国国会开始辩论"出兵朝鲜是否真有必要"的问题，在野党为了在国会上辩论言之有理，急忙用280万美元的价格买下了该咨询公司这份已经过时的研究成果。研究的结论只有一句话，"中国将出兵朝鲜"，但是，在这一句话结论后附有长达600页的分析报告，详尽地分析了中国的国情，以充分的证据表明中国不会坐视朝鲜的危机而不救，必将出兵并置美军于进退两难的境地。并且，这家咨询公司断定：一旦中国出兵，美国将以不光彩的姿态主动退出这场战争。

从朝鲜战场回来的美军总司令麦克阿瑟将军得知这个研究之后，感慨道："我们最大的失策是怀疑咨询公司的价值，舍不得为一条科学的结论付出不到一架战斗机的代价，结果是我们在朝鲜战场上付出了830亿美元和十多万名士兵的生命。"

看过这些例子，还有谁会觉得旧数据是没用的垃圾呢？有的数据可能以某一种方式来分析时是无用的，而通过另一种分析方式就能得出有价值的信息；有的数据现在可能没什么分析价值，但这不代表它以后也不会有分析价值。大数据时代，没有不能分析的数据，没有毫无价值的数据。无论是陈旧的大数据还是新的大数据，都有派上用场的地方。

# 二十、大数据与国家安全

## 拉登是怎么死的

2011年5月1日，巴基斯坦首都伊斯兰堡以北大约60公里，阿伯塔巴德镇内军事训练学院附近一座建筑内传来阵阵枪声，空中还有直升机盘旋的声音。这是4架美国军用直升机和地面部队突袭臭名昭著的恐怖分子本·拉登的场景。在这次突袭中，本·拉登被打死，拉登的一个儿子和两名随从被打死，拉登的两个妻子、6个孩子和4名亲信被随后赶来的巴基斯坦军方逮捕；而美方人员无一伤亡。

“9·11”恐怖袭击

此前，本·拉登曾经给美国带来过巨大的伤痛。1998年，美国驻肯尼亚和坦桑尼亚大使馆爆炸案，造成257人死亡、5000余人受伤。事后，本·拉登身着一身迷彩服出现在一段录像中，他承认是他发动的这次恐怖袭击。2000年美国科尔号驱逐舰遇袭事件，美国军方也将矛头指向了本·拉登。2001年9月11日，纽约世贸中心和华盛顿五角大楼等地遭恐怖袭击后，美国认定拉登是头号嫌疑犯。此次袭击事件造成世贸中心双子塔倒塌，近3000平民死亡。

2001年恐怖袭击之后，本·拉登便成了美国政府的头号敌人，被美国列入主要通缉犯名单，美国军方开始了对他长达10年的搜索。然而，本·拉登就像人间蒸发了一样，到处都没有他的踪影。只有他的录像带或录音带会偶尔出现，证明这个人还没有消失。后来，美国中央情报局找到了一个从事大数据分析的公司，找到了本·拉登的蛛丝马迹。可以说，本·拉登是被大数据击毙的。这么一个难以抓捕的人，是如何落入大数据之手的呢?

帕兰提尔公司的客户包括美国国家安全局、美国联邦调查局、美国中央情报局和很多其他的美国反恐和军事机构。帕兰提尔公司现在已经变成进行大规模数据挖掘以供美国情报及执法部门使用的关键公司，它们的软件产品有着流畅的界面，旗下程序员甚至会空降到客户的总部进行程序定制。帕兰提尔公司把混乱无序的大量信息变成直观的可视化地理分布图、柱状图和关联图。只要给该公司所谓的“前沿部署工程师们”几天时间，让他们分析、标记和整合所有零碎的客户数据，帕兰提尔公司就能弄清楚各种各样的问题，例如恐怖主义、灾难响应和人口贩卖。

美国中央情报局前局长乔治·特尼特说：“我真希望在‘9·11’恐怖袭击之前，能拥有像帕兰提尔公司这样强大的工具。”在那些利用帕兰提尔公司来挖掘有用信息的机构中，包括美国海军。他们已经在阿富汗部署了该公司的软件，以便对路边炸弹进行刑侦分析，并预测叛军的袭击。该公司的软件还协助找到了谋杀美国海关人员的墨西哥贩毒集团成员。

在讲述奥萨马·本·拉登丧命经过的《终结》（The Finish）一书中，作者马克·鲍登写道，帕兰提尔公司的软件“是名副其实的杀手级应用”。

大数据分析不仅在反恐方面扮演着重要角色，在公共安全方面也一样起着重要作用。

不久前，一名偷车贼在美国加州桑塔克鲁兹市一个地下停车场准备下手时，完全没想到几米外一辆普通汽车里有一名警察正在吃午餐。还没来得及完成犯罪，他就被捕了。但这位警察之所以在正确时间出现在正确地点，并非偶然。那一天，他是在一个电脑程序的推荐下专门到停车场来吃饭的。

过去两年来，桑塔克鲁兹市约有100名警察每天换班时不仅接受长官的指挥，还接受一种算法的安排。该程序每天搜集警察身上设备传送来的大量数据，计算特定时段和街区的犯罪可能性，将15个最危险街区列成一个矩阵。它所预测的犯罪事件中，有2/3最终真的发生了。

计算机科学家乔治·莫赫勒和专门研究犯罪的人类学家杰弗瑞·布兰汀汉姆基于震后场景预测模型设计了这个程序。2011年年初，克拉克偶然听说了两位学者的创意，3人一起设立了一个实验性项目。他们将过去8年的犯罪数据输入程序，还有其他可能的相关数据，如天气和交通资料。此外，程序还将每两个犯罪关联起来。

现在，整个市的警察队伍都使用高科技设备，他们带着智能手机和平板电脑，可在巡逻时访问基于网络的这个预测系统。光是在美国，已有十几个警察局使用这一软件，如洛杉矶、波士顿和芝加哥。桑塔克鲁兹市警察局局长斯蒂夫·克拉克最近正在英格兰帮助肯特郡使用这个程序。

通过大数据分析，警察可以用更简单、更精准的方式预测犯罪。未来，公共安全领域一定会有越来越多的大数据分析应用。从击毙本·拉登到抓捕偷车贼，大数据分析将在各个安全部门保障公民的人身与财产安全。

## 大数据的火眼金睛

2013年4月，一本普通的破案小说《布谷鸟的呼唤》上市了，作者是罗伯特·加尔布雷斯，一名前便衣警察，2003年辞去公职进入私人保安行业。直到2013年7月中，还几乎没有什么人知道罗伯特·加尔布雷斯到底是谁。这本书在整个英国零售书商手上也只卖出449本，在全球知名的网上书店亚马逊英国站只排名5076位。书评家们对该书的评价是："文笔不错，故事也吸引人，但是并不突出。"在这本书出版前，有好几家出版社拒绝了这本书。

可是，一夜之间，这本书的命运就完全改变。在亚马逊网上书城，这本书迅速爬到畅销书的前几位。这个巨变源于一个消息，这个消息就是这个男性名字的作者其实是一名女性。这个消息似乎并不足以吸引那么多人去看这本书，可是，如果你知道这名女性写过的其他书，就知道为什么有这么大的变化了。

这名女性写过7集《哈利·波特》，并且以此书成为历史上第一位写作收入超过10亿美元的作家。是的，她就是J.K.罗琳。以罗琳的知名度和在写作上的成功，她的小说攀升到畅销榜前几位并不稀奇。在作者的真实身份被揭露后，这本书有这样的销量变化是很自然的事情。这件事情里，有两个有趣的地方：罗琳为什么要隐姓埋名以男人的身份来发表新作？外界又是如何发现罗琳是真正的作者的？

前面一个问题，罗琳自己回答了。她说："我一直希望这个秘密能够保持更久一些，因为作为罗伯特·加尔布雷斯，以另一个名字发表作品，不必面对外界的任何期望值和吹嘘，这是一件美妙的事情，是一种自由的体验。"第二个问题则非常有趣了，因为这和大数据有一些关系。

英国《星期日泰晤士报》美术编辑理查德·布鲁克斯在他的推特上收到了一条匿名的消息，透露罗琳才是《布谷鸟的呼唤》一书的作者。

为了证明这条情报的真实性，布鲁克斯想了很多办法，甚至雇佣了私家侦探。最后，两位计算机语言学家帮他解决了这个问题。

这两位计算机语言学家使用的方法是，将罗伯特·加尔布雷斯的《布谷鸟的呼唤》、罗琳的《临时空缺》、《哈利·波特与死亡圣器》进行科学的比对，比对的内容包括每一本书里所有的词组或者相连续的短语集；一种称为"N-gram"的算法作为语言模型来分析用词或字符的序列关系、每本书中使用最频繁的100个单词，等等。经过5个多小时的复杂计算后，这两位计算机语言学家利用这些大数据的分析技术证明了罗伯特·加尔布雷斯就是罗琳。

罗琳用"马甲"出书，这个新闻让喜欢看《哈利·波特》的人们谈论了很久，大家都觉得这个新闻挺有意思的。而有一些有关"马甲"的新闻，就不是那么有意思了。

2013年12月，《北京晚报》报道，最近又有一则谣言到处疯传，谣言称最近有人自称国家工作人员，拿着调查问卷上门，自称进行人口普查、经济普查之类的工作。这些问卷上被提前喷了迷药，只要接触一两分钟就会晕倒。这些"工作人员"进入家门将财物席卷一空，甚至发生了将孩子抢走的情况。谣言甚至还有一些关于问卷的细节，貌似给它增加了一点可信度。据警方介绍，此类谣言无非是"地铁上喷迷药抢劫"的变种，属于以前的谣言换了个马甲又接着传下去。此前的谣言就曾让一些市民产生心理压力，甚至在地铁上闻到他人身上的香水味以后过度紧张，而在微博上发出过"险些被人迷倒抢劫"的信息。此类谣言传播时遍及全国，各地警方陆续进行过辟谣，称这类以拍肩、看一眼、晃一下等动作就让人失去意识的手法可能性接近于零。有民警表示，对于这种辟谣工作已经非常无奈。对于谣言，"信者恒信"，无论怎么辟谣，总有一批人见到这样的信息会迅速转发，而且自认为"古道热肠"，图的就是"万一真有呢"。此类谣言确实会对没有什么辨别能力的人造成一定心理影响，从而防范一切，加深社会的冷漠情绪。

在社交网络发达的今天，常常会有一些无端的谣言产生，这些谣言往往具有胡编乱造、贬低他人名誉、有违社会公德、破坏社会良好秩序的特点。由于网络谣言是通过互联网传播的，传播速度相当之快，如果不及时辟谣，很可能出现严重后果。而如何打击造谣传谣并追查谣言的源头、造谣人的真实身份，大数据分析自然是最在行的了。对于网络谣言，有专业人士建议有关单位用过去举报证实的谣言和有关单位认为最严重的谣言为种子，寻找打造大数据谣言集。分析转发途径、僵尸账号，公正评估出最大造谣者、最大推手策划、最大传谣者。

《西游记》里，孙悟空有一双火眼金睛，无论什么妖魔鬼怪，在他面前都逃脱不了。大数据分析犹如一双现代科技打造的火眼金睛，将在保障新闻信息真实准确方面发挥重大作用。

## 卡特里娜飓风

2005年8月23日，美国国家飓风中心发布消息称，第12号热带低压已在巴哈马东南方海域上形成。25日，卡特里娜飓风在美国佛罗里达州登陆。29日破晓时分，卡特里娜再次以每小时233公里的风速在美国墨西哥湾沿岸新奥尔良外海岸登陆。登陆超过12小时后，才减弱为热带风暴。这次飓风让密西西比州、路易斯安那州、亚拉巴马州和佛罗里达州至少230万居民受到停电的影响，另外也造成了大规模的通讯故障。更为严重的是，有些城市甚至90%的建筑物遭到了毁坏。时任美国总统的小布什说完全恢复到灾前水平需要数年的时间。据美国保险业估算，卡特里娜飓风造成的理赔数字很可能在100亿~250亿美元。如果算上没有投保的损失，卡特里娜飓风造成的损失总金额可能会高达500亿~750亿美元。另有专家估计，这次飓风给美国造成了大约1000亿美元的损失。

飓风所过之处，石油和天然气行业受到的经济损失最大。美国墨西哥湾沿岸地区是主要的石油和天然气产区，那里有几十座海上钻井平台和22个炼油厂，全美国25%的石油和天然气供应来自墨西哥湾。飓风过后，至少有20座钻井架或钻油平台消失无踪，且有一条天然气管线破裂起火燃烧。这有可能是石油业有史以来受灾最严重的一次。墨西哥湾附近1/3以上油田被迫关闭，7座炼油厂和一座美国重要原油出口设施也不得不暂时停工。为了填补这一生产损失，美国能源部长伯德曼宣布，政府将动用美国战略石油储备来提供紧急能源供应。小布什也破天荒地要求美国人民在今后几个星期内节省能源，如果不需要的话，就尽量不要加油。

虽然路易斯安那州和密西西比州的经济规模只占全美的2%，但它们对美国经济的影响之深正在灾难中逐渐显现。墨西哥湾的石油产量占全美的30%，天然气产量占20%，炼油产能占全美的10%左右。炼油厂中的9家已经关闭，其中一部分是因为停电无法开工，还有一些是被洪水淹没了。

美国1/3的天然气加工、1/4的海上石油生产和2/5的炼油设施都位于路易斯安那州、密西西比沿线海岸。这些密集的基础设施平台、管道和炼油厂价值大约8500亿美元，而它们都处在飓风的必经路径。由于全球气候变化，飓风的强度和密度都大大增加，当海平面上升时，飓风足以上岸，海水可能淹没一般设施。根据一个能源咨询公司的推算，接下来的20年，这一地区基础设施将因气候损失总共大约3700亿美元，这笔钱足以重建新奥尔良6次，而路易斯安那州海平面上升的风险是佛罗里达州的6倍。不仅如此，气候变化也对其他能源造成冲击，如天气给电网带来很多故障，如今每年因停电给美国造成的损失至少达到1000亿美元，在1992年，这样的损失不超过10亿美元。而极端天气也让停电变得越来越频繁。决策者们面对该气象数据，以往的决策开始改变。

决策者发现，无论从宏观还是微观层面，随时了解气象数据的变化都有助于节约能源。大数据除了能够在能源的勘探、生产、运输、消费的各自领域中成为创新的催化剂，更重要的意义在于，在能源供应链上叠加了信息链，帮助各方更透彻地了解上下游的行为和变化，从而能够彼此智能协作，实现整体最优。

由于在油气行业，勘探开发领域已从常规转向非常规，从陆上转向海上，人们对油气资源的认识和掌握越来越依赖信息技术手段。石油公司拥有的数据越多，对数据挖掘利用得越好，找到油气资源的可能性和掌控市场的能力就越大。掌握并利用好大数据，是石油公司提高核心竞争力的重要手段。

在电力界，智能电表也成为新的宠儿。华盛顿正在实施一个智能电网试点项目，目标是可以每隔5分钟就从用户家里读取一次用电数据。有了智能电表，供电公司能每隔15分钟就读一次用电数据，而不是过去的一月一次。这不仅能节约大量人工抄表费用，而且由于能高频率快速采集分析用电数据，大数据从中产生，供电公司能根据用电高峰和低谷时段制定不同的电价，利用这种价格杠杆来平抑用电高峰和低谷的波动幅度。有一个供电公司甚至打出这样的宣传口号：朋友们，晚上再洗衣服洗碗吧，晚上用电不要钱。这对于供电公司和用户来说是一个双赢的变化。巴特尔公司的西北太平洋智能电网示范项目是一个只涉及5个州6万用户的相对较小的试点项目，但它产生的数据量并不小。该项目使用了双向通讯，智能电网可以从电表接收信息，同时与商用和民用用电设备进行通讯，可以看作是互联网和电力系统中大量智能设备与传感器的融合。

大数据分析技术使我们能够验证试点项目的智能电网技术的有效性，这对于未来的大规模部署和可再生能源的加入都至为关键。软件还可以帮助新能源行业进行预测，比如太阳能和风能。上述二者的产能稳不稳定，与天气条件息息相关。有专家指出，风能预测非常必要，因为数据显示在用电高峰期，风电农场的实际产能变化幅度很大。准确预测太阳能和风能需要分析大量数据，包括风速、云层等气象数据。丹麦风轮机制造商维斯塔斯通过在世界上最大的超级计算机上部署IBM大数据解决方案，得以通过分析包括PB量级气象报告、潮汐相位、地理空间、卫星图像等结构化及非结构化的海量数据，优化风力涡轮机布局，有效提高风力涡轮机的性能，为客户提供精确和优化的风力涡轮机配置方案，不但帮助客户降低每千瓦时的成本，并且提高了客户投资回报估计的准确度，同时它将业务用户请求的响应时间从几星期缩短到几小时。

能源费用与日俱增，这促使很多商业机构和相关行业企业开始考虑通过技术节省能源开支。要想准确预测能源消耗并采取及时有效的节能措施，需要进行大量的数据分析。另外一个节省能源开支的方法是将未使用完的能源卖回给电厂或电网运营商。一些电厂甚至向那些愿意在用电高峰期减少用电量的用户提供补偿款，以降低停电的风险。在这些方面，大数据分析将大有可为。

石油、电力以及新能源企业都在积极拥抱大数据，为此投入大量资金人力，从各个角度来看，大数据分析这个强有力的工具都将革新那些从19世纪就存在的古老行业。

# 第七章　以大数据预见未来

大数据在各行各业应用后，都能够带来足够的商机。大数据将加速信息技术产品的创新融合发展。面向大数据市场的新产品、新技术、新服务、新业态正在不断涌现。大数据时代的到来，使得数据成为新的生产资源。

## 教育行业的变革

迈克尔·桑德尔是美国著名政治哲学家，美国人文艺术与科学学院院士，在哈佛大学教授政治哲学，他的本科通识课程《公正：该如何做是好》备受年轻人的欢迎。30多年来，超过一万名学生听了他的课，这是哈佛有史以来听众最多的课程，选修人数曾创下哈佛大学的历史纪录。近几年，这门课被搬到网上，是网络和电视上首个免费的哈佛公开课。这让桑德尔立即成为备受各国网友喜爱的学术明星，这门哲学公开课风靡全球，迄今为止已有1000万人次点击观看。

现在，这样的现象非常普遍，毕竟很多年轻人上网不只是玩游戏、听音乐、逛论坛等，他们还会把互联网看作是一个获取知识的工具。在众多的知识资源里，哈佛大学和麻省理工的免费公开课备受年轻人的欢迎。桑德尔的课程只是哈佛大学诸多网络公开课中的一种，哈佛大学和麻省理工等诸多世界级名校这几年都在互联网上免费共享了很多精品课程。

按理说，以哈佛和麻省理工的名气，即使收点钱，全世界的学习者也会趋之若鹜。它们之所以免费，当然有它们自己的小算盘。现在，新一代的在线学习平台和过去的学习平台有着非常大的区别，主要在于新的学习平台增加了行为评价和学习诱导的成分。更大的区别则是，通过向全世界开放学习平台，更多的学习者在上面学习、使用，从而为哈佛和麻省理工提供了非常庞大的学习数据。哈佛和麻省理工根据这些就可以收集最多的数据，从而研究世界各国学习者的行为模式，打造更好的在线平台。比如，学习平台记录下了每个学习者的鼠标点击特征如鼠标点击的次数、位置、频率等，这些数据可以告诉我们学习者对哪些内容感兴趣，在哪些内容上点击次数很多，在哪些内容上停留时间较长，哪些内容的学习比较耗费时间，哪种学习方法更有效率，等等。单就每个人的学习数据来看，可能是杂乱无章毫无规律可循的，但通过研究群体的学习特征，这些数据便能呈现出某种规律性和特征性。通过分析这些规律和特征，学习平台也将越来越完善，人们通过学习平台获得知识也将变得越来越有效率。

这是教育领域的一场革命。以前，学习者的学习特征都消散于教室、自习室等地方，没有人有能力收集这些数据，就算数据能够收集，也没有人有能力分析这些数据。现在，这些数据都能够保存在哈佛和麻省理工的硬盘里，被研究者们反复进行各种分析。教育领域正在发生的这场大数据革命，其深厚的技术背景就是由于信息技术的进步，人类收集、存贮、分析、使用数据的能力实现了巨大跨越。

大数据将对人类社会发生的影响难以估量，以行为评价和学习诱导为特点的在线教育平台只是这个大潮在教育领域掀起的一朵浪花。我们来看看另一朵浪花。

随着在线平台的推广和普及，越来越多的老师将自己的授课视频放到网上。除了课程视频，教案也成为美国在线平台的交易产品，很多教师将自己觉得很满意的教案或教学视频放到交易网站上出售。佐治亚州的学前班老师戴安娜是销售榜上的状元，她的教案深受同行的欢迎，在某交易网站上的成交量总价超过70万美元，而她的月收入也达6万美元，比大多数老师一年的工资还高。教案的交易，甚至出现了由学校牵头组织团购，统一发放给全校老师参考使用的案例。

由此可见，课程视频的数据、教案的数据等也在教育领域这场革命当中扮演着重要角色。可以想象，这些新的现象会给教师这个职业带来巨大的冲击和改变。无论是对学习者、教师还是学校，以至整个教育产业，在线教育都将催生革命性的变化。

## 新闻媒体的转型

卢旺达是非洲中部小国，人口约800万，居民主要由占85%的胡图族和占14%的图西族组成。20世纪50年代至70年代，这两个同文同种的民族曾多次发生部族仇杀，两个部族间的矛盾日益加深。1994年4月6日，卢旺达胡图族总统的座机在卢旺达首都基加利上空被导弹击落，机上人员全部遇难。有传闻说是图西族游击队实施了这起暗杀。这一事件立即在卢旺达引起了胡图族对图西族的血腥报复。第二天，卢旺达发生了近代历史上最骇人听闻的惨剧：卢旺达大屠杀。这次大屠杀一共造成大约100万无辜平民的死亡。

其后，联合国卢旺达战争罪法庭便对那场种族灭绝的主犯进行审判。让人大跌眼镜的是，卢旺达的3位新闻巨头居然也站在被告席上。这是怎么回事呢？

新闻从业者向来以独立与尊重事实为原则，而卢旺达的这3名新闻巨头都被怀疑曾经利用自己掌控下的电台与报纸蓄意制造种族仇视的气氛，煽动种族仇杀的狂热，对卢旺达骇人听闻的大屠杀起到了煽风点火的作用。庭审现场，检察官在法庭上出示了大量的物证，指控他们在卢旺达种族灭绝惨案中起到了推波助澜的作用。一旦他们挑起卢旺达大屠杀的罪名成立，必将对全世界产生强烈的反响：新闻记者竟沦为大屠杀的罪魁祸首，新闻记者借助媒体制造了种族灭绝的大惨案！这真是不可想象的。

回过头来想一想，像卢旺达一样的国家，人们接受外界新闻时主要依靠几个新闻媒体，而没有大量的其他新闻来源，更不幸的是，这几个新闻来源正好被某个人或某个利益集团控制着，再小的新闻也可能被渲染成史上最大的灾难，再大的事件都能够毫无报道似乎这事件从来没有发生过。那么，这个国家的人何以知道真相？没有办法。人们就像被控制的木偶一样，被新闻报道的事件影响情绪，影响思维，从而影响行为。而总有一天，人们会从蛛丝马迹中察觉到某些异样，逐渐发现这些新闻媒体每天都在编造着谎言，从而不再信任这些新闻媒体。到这一阶段，人们便再也没有任何值得信任的新闻来源了。

只有在大数据时代，这样令人绝望的状况才能完全发生改变。大数据时代，每个人都是一个自媒体。无论哪里发生事情，在那里的人们总能第一时间通过手机、平板电脑等设备记录下各种信息，上传到网站上，供那些没有在现场的人们查看。人们通过很多人从现场发回的各种线索，便能自己分析弄清楚事件的来龙去脉。

无论是美国波士顿马拉松爆炸案还是汶川大地震，或是中央电视台新大楼北配楼发生火灾，这些新闻都是在现场的人们首先发到网络上的，而不是传统媒体报道的。对新闻传播的控制不再完全掌握在那些传统媒体的职业人士手中，我们正在进入一个“人人皆记者”的大规模自媒体时代。在这个时代里，新闻不需要传统媒体的传播就可以进入公众的视野，相反，有些事情可能因为已经通过网络途径进入公众视野，传统媒体迫于压力只好对其进行报道。新闻报道已经不是一种特权，每个人都有传播新闻的能力和自由。大数据时代，传统新闻巨头的权威会因为自媒体的一次次挑战而一次次被削弱，传统新闻巨头再也无法垄断真相。互联网让人们进入信息时代，到如今使得人们进入大数据时代，媒体的话语权慢慢被自媒体夺走，人们也从新闻巨头时代进入自媒体时代。

自媒体时代，同一事件的新闻不再具有同一口径，不再由新闻巨头告诉人们发生了什么。每个性格不同、思维方式不同、话语风格不同的人都在报道着新闻，而这也包含了一种风险，这就是“谣言”。

比如，2013年12月，网上一个帖子说北京一东北口音女子在经过一个骑车外国小伙时突然摔倒，随即倒地不起，外国小伙下车搀扶却被女子一把揪住，自称被外国小伙撞倒腿部受伤无法行走，需要外国小伙负责。外国小伙急于脱身，衣服被女子撕烂。不久警方到场，双方前往煤炭总医院，经检查该女子并未受伤。最后双方调解下，外国小伙不得不给付1800元医药费。

很快，这个帖子被到处转载，大家一致认为东北口音女子“碰瓷”，有网友称其“是给中国人丢脸”，有人讽刺她是“第一个逼外国人签下不平等协议的中国人”。后来，事情真相却完全不是这么回事。

多名目击者称，外国小伙开着一辆无牌照的黑色摩托与中年女子发生碰撞，造成女子轻微皮外伤。外国小伙将女子扶到路边，随即两人发生争执并互相推搡。女子坐在地上抱住摩托车要求赔偿，外国小伙则认为对方讹诈，频频用流利的中文骂人。监控录像也证实，外国小伙确实撞了女子。后来警方查证这名外国小伙无驾驶证、所驾驶摩托车无牌照，在人行横道内将女子撞倒，而且还涉嫌非法就业，最终被罚款并被遣返回国。发帖人也向女子道歉，声称有些地方是自己主观臆断的，与事实不符。

谣言出来，辟谣；新谣言，再辟谣……这样的事情每天都在发生。还好，在大数据时代，自媒体本身也构成了一个整体，某一个自媒体的失实报道并不会造成整个自媒体集体的失实。自媒体作为一个整体，也有着自我净化的能力。谣言在传播的过程中，也会有更多的目击者和当事人提供更多线索和情报，使得人们在不断探究后，最终还是能得到真实新闻。

自媒体出现后，新闻便从由高门槛的专业机构操作变成越来越多的普通人自己发布信息、传播信息。从论坛、社区到博客，再到微博，媒体变得越来越个性化、个人化，每个人发言的自由空间越来越大。自媒体对许多重点、热点事件都起到了重要的推动作用，这种推动不仅是对社会，也是对传统媒体的推动。在新媒体推动之下，传统媒体不得不变得更快、更敏感，甚至在管理方式方面，管理部门也不得不给予传统媒体越来越多的自由、越来越大的空间。

## 影视行业的探索

2013年年初，一部叫作《纸牌屋》的美剧一炮走红。该剧由著名演员凯文·史派西主演，知名导演大卫·芬奇执导，刚一放映便受到美国及其他40多个国家与地区观众的追捧，可谓是最火的剧集之一。世界上最大的在线影片租赁服务商奈飞公司（Netflix），在击败了很多对手、预支一亿美元作为剧组预算后，才获得这部美剧的两年独家播放权。

也就是说，奈飞花了一亿美元的巨资，为的只是两年内让用户只能在奈飞网站上付费观看这部剧集，这不可不谓一场豪赌。是什么让奈飞愿意花这么多钱砸在这么一个剧上呢？难道，在开拍之前，奈飞公司就已经知道《纸牌屋》会火吗？

要知道，在美国电视行业，没有什么是确定的。也许你可以找齐金牌导演、实力演员和时下流行的题材剧本，但结果依然失败。不管做什么生意，能够预见未来都是可怕的，奈飞公司在《纸牌屋》一战中可能已经接近这个水准。

作为世界上最大的在线影片租赁服务商，奈飞公司已经知道用户很喜欢《社交网络》《七宗罪》的导演大卫·芬奇，也知道凯文·史派西主演的片子表现都不错，还知道英剧版的《纸牌屋》很受欢迎，三者的交集表明，值得在这件事上赌一把。

奈飞公司在美国有2700万订阅用户，在全世界则有3300万，它比谁都清楚大家喜欢看什么样的电影和电视。有研究表明每天的高峰时段网络下载量都是出自奈飞的流媒体服务，2012年人们在网上看流媒体视频的时间比看实体DVD碟片的时间还多。每天用户在奈飞上产生3000万多个行为，用户暂停、回放或者快进时都会产生一个行为，订阅用户每天会给出400万个评分，还会有300万次搜索请求，询问剧集播放时间和设备。

曾有报道称，用户登录奈飞网站后的每一次点击、播放、暂停甚至观看视频的时间长度都会被记录下来，存入后台用作计算。奈飞公司就是通过这种方法精确定位观众的偏好的。据了解，奈飞公司之所以一口气播放13集《纸牌屋》，是因为他们已经预测到多数用户不喜欢在固定时刻收看电视剧，而是更加倾向于“养肥了再看”。

奈飞公司长期以来对用户租赁、观看数据的积累与分析，让它对用户喜欢什么样的电影和电视剧集，乃至喜欢哪一个镜头都有着较为准确的认识，这一切都来自大数据分析，而不是针对观众的抽样调查或者影评家的评论。无论从有效性还是可用性上看，这些数据都远比抽样调查和影评家的评论要好得多。

仅从电影投资成本的角度来说，目前中国大陆公映的电影平均投资在3000万人民币以内，不足500万美元。这样的投资规模实在不能算大。在不考虑通胀以及观众收入的情况下，这样的规模只相当于北美70年代初期的水平，因此某些非常感性的、毫无市场调研的影视拍摄计划也时有发生。但随着中国整体经济水平的提升，影视行业的投资也将越来越高，这时有关一部电影拍摄后有没有人看、能赢利多少等方面的风险评估就显得很重要。在那时，大数据分析的运用对影视产业将产生更为深远的影响。

## 制造业的大数据之路

美国亚拉巴马州北部，有一个叫作亨茨维尔的城市。如果仅看地图，绝对看不出这个人口仅16万的小城有何特殊的地方，因为它似乎远离纽约、洛杉矶、芝加哥、休斯敦等各大经济中心，既不临大河更不靠大海，连陆路枢纽都算不上。然而，在这个小城市里，聚集了波音、雷神、诺斯罗普–格鲁曼公司和洛克希德马丁公司等世界著名航空业巨头。这里要说的，是雷神公司的大数据分析。

在雷神公司的新导弹工厂里，一枚导弹正在紧张生产过程中。这时，一枚螺丝刚刚拧完，一声警报后生产系统却意外中止了。这是怎么回事呢？

原来，这声警报是一个错误提醒。这个错误警报系统很先进，是基于大数据分析的。在这样的精密武器制造过程中，任何一个环节的缺陷和错误都可能造成非常严重的后果，即便没有发生事故，单是返工、维修和更换都要花费不少时间和金钱。

雷神导弹系统高管兰迪·史蒂文森表示，如果大数据分析的结果表明，某一颗螺丝需要拧13圈才能上紧，而在导弹生产过程中却只拧了12圈，那么错误警报就会发出，导弹或配件的制造就将被中止，确保不会有带着缺陷和错误的导弹被生产出来。

作为一家制造商，雷神部署了非常复杂的自动化系统，用来收集和分析工厂底层的大量数据。而这样的制造商远不止雷神一家，包括通用电气、西门子、罗克韦尔自动化公司在内的很多家公司都采用了这样的自动化系统。它们都使用了一个名为“工厂制造执行系统”的软件。这类软件在20世纪80年代就已经出现了，一些半导体制造商和其他高科技公司是最初的采用者。不过，目前越来越多的制造商也开始采用它。

现在的制造业比以前更专注于数据，一部分是因为某些客户的要求越来越高，一丁点儿瑕疵都不允许存在，一部分是因为股东对庞大的支出感到不满，施加的压力越来越大，还有一部分原因则是政府监管部门为了方便管理和追踪安全问题，要求企业提供更多的数据。而同时，计算机、摄像头、扫描仪等各种设备的成本都在逐年下降，而且用于存储和转移数据的技术也不断地得到改善。这些都促使制造业向大数据分析倾斜。

雷神公司的大数据应用，只是制造业在生产制造环节的大数据分析。制造业更多的大数据应用是面向消费者的大数据分析，比如小米公司。

小陈最近一直在关注电视机，但他关注的并不是国内传统电视机厂商的电视机，也不是那些国际大牌的电视机，而是国内几个互联网公司推出的电视机。像小陈一样想买互联网公司推出的电视机的人不在少数，而这类电视机供应量有限。大家甚至用“抢”来形容这些互联网电视的热销。

在众多互联网电视公司里，有一个近两年才创立起来而且特别火的，叫作小米科技公司。在小米电视发布前，小米公司已经成功地发布了几款手机，每款手机都在发售后被抢购一空。小米做手机和电视机的思维和其他手机及家电厂商完全不一样，因为它的创始人雷军在互联网公司从业20多年，他宣称要以互联网思维来制造手机、电视机。那么，他所说的互联网思维是什么样的呢？为什么小米手机会热销呢？

传统的制造业都是封闭式生产，由生产商决定生产何种商品。在这种情况下，生产者与消费者之间并没有多少交流，更谈不上互动。但是，在小米手机发布之前，小米手机的研发人员便不断在论坛上和手机玩家一起讨论手机的软件外观、手机硬件配置、外观设计甚至宣传方案，等等。无数人在论坛上提供自己的想法，甚至有热心网友会半夜睡不着爬起来发帖给研发者提供建议，而且也确实有不少好的建议被研发人员采纳。很多手机玩家很有参与感，觉得小米手机是大家一起研究一起开发出来的，自己也为小米手机的发展出了一份力。就这样，小米手机在还未发布前就已经拥有无数铁杆粉丝。在这种制造商和消费者良性互动共同决策的模式下，消费者和制造商的界限已经变得模糊不清，传统的经济理论将被改写。

这些就是未来制造业的趋势，这些现象能够告诉我们未来面向消费者的制造业会是怎样的景象。

## 餐饮旅游业的未来

晚饭时间到了，小张打卡离开公司，走到经常吃饭的饭馆去吃饭。刚走到饭馆门口，饭馆门口播放的背景音乐就悄然发生了变化，变成了小张最近听得最多的那首曲子。小张似乎并不觉得奇怪，她很习惯地走到饭馆二楼靠窗的位置。那儿有一个位子是她常坐的，基本上每次她去的时候这个位置都正好空着。小张拿起平板电脑开始点菜，菜单上最前面推荐的菜正好合她胃口，价钱也和她每次消费差不多，于是她不假思索地点了。

在等待上菜的时间里，小张开始安排元旦假期的行程。她拿出手机打开一个地图软件，点击了一下她要去的目的地，然后快速查看了到那里旅行过的人对当地各个旅馆、饭店及旅行社的评价。很快，她就把住宿、餐饮、旅游行程都安排好了。

以上只是一个假想的场面，但实际上这样类似的情景可能正在餐饮旅游业发生着。餐饮旅游业在大数据时代可能呈现的样子，便是这样的。

作为服务行业，餐饮旅游行业一直面临着众口难调的问题。同样的服务可能让一个人非常满意，却让另一个人很不满意。就像同一个菜，一个人可能觉得辣了，而另外一个人觉得还不够辣。这不仅仅是每个顾客挑剔程度的问题，更因为每个人本身具有的不同特性，比如口味、审美，等等。通过传统的调查和改良的办法，不能精准地针对具体某一个客户。而在大数据时代，这些问题都可以得到解决，众口难调变成众口易调。

在大数据时代，餐饮旅游行业和现在的互联网公司一样，可以采集到消费者的很多数据。采集的方法有很多，比如饭馆可以通过摄像头、麦克风、订餐网站、订餐软件等渠道获得各种不同的数据。从某位顾客打开手机或电脑准备点餐的那一刻起，或者从某位顾客推开饭馆的门那一刻起，他或她的数据就正在上传到饭馆的服务器。顾客心情如何、在软件或网站或饭馆停留时间长短、喜欢听的歌曲、喜欢的话题、对食物的偏好等特征都将被保存下来，在这位顾客下一次推开饭馆大门时，计算机会根据收集的数据来为这位顾客“量身定制”出一套服务方案，并继续采集更多数据。

这样的数据不仅可以用于服务个人，也可以用来改善商家自身的服务。还是拿饭馆做例子，采集的数据经过分析后表明，本地区的顾客对某一个菜样非常偏爱，或者很多顾客点了某一个菜后就再也没点过第二次，这些都能够帮助商家做出增加或减少菜品的决定。又比如，采集的数据经过分析后表明，进入本店的顾客在就餐时喜欢讨论某些话题，那么商家也可以抓住这些话题点在网站、论坛、微博、微信或饭馆举办各种相关活动。

同时，消费者对餐饮旅游业的商家的各种评价，也都公开在各种平台上，免费供他人查阅，这给其他潜在的消费者带来了福音，也给政府相关管理部门的考核和问责带来了便利。餐饮旅游行业长期存在的信息不透明、宰客欺客的现象会因此明显减少。类似的服务行业也将得到超越来自政府的更强有力的监督，不敢擅自作恶。

很多美好的事情已经在这个行业发生着。美国很多州政府与餐饮点评网Ylep展开合作，监督餐饮行业的卫生情况，事实证明效果非常好。人们不再像以前那样从窗口去看餐馆里的情况，而是从手机APP的评论中获得想要的信息。在中国，大众点评、口碑网、番茄快点等软件或网站也给消费者提供了对商家评判的平台。这样，商家既可以通过这些网站扩大自己的知名度和影响力，更可以通过这些评判来提升自己的服务能力。未来的餐饮旅游业，不仅会自律，而且还会做得更好，利用互联网沉淀出的大数据，想象力无穷。

## 传统农业的展望

美国明尼苏达州的一个普通农场里，一对夫妇正在犯愁。他们的两个儿子都到很远的地方读大学去了，现在农场里活很多，夫妇俩根本忙不过来。他们得想个办法把两个儿子留下的劳动力空缺给补上。不管怎么说，100头奶牛的饲养不是两个人能搞定的事。

对于大部分人来说，面对这个问题，很自然的一个想法就是雇一些人来。可是，这对夫妇最后一个人都没有雇。你绝对猜不到他们是怎么解决这个问题的：他们买了很多机器人！

现在，这个农场里每天定时喂牛的是机器人，打扫牛栏的也是机器人，给奶牛挤奶的还是机器人。以前他们起早贪黑都干不完的活儿，现在一下子都没了。每天早晨还没等这对夫妇起床，机器人就已经喂好了牛并挤了奶。

机器人是怎么工作的呢？喂牛的时候，机器会向奶牛的食槽里投放食物，吸引奶牛前来就餐。在奶牛高高兴兴地吃着东西的时候，挤奶机会通过激光扫描找到奶头的位置，并将挤奶装置自动吸附到奶牛的乳头上开始挤奶。挤完奶后，挤奶装置会自行清洗和重置，等待下一头牛到来。其他场景都与之类似。

要让一个传统农场正常运作是一件非常复杂且琐碎的事。牛需要喂，需要睡觉，需要挤奶，需要观察它们的胃口好坏、体重变化，有时还需要治病。当好一个农场主不是一件容易的事情，他们需要面对的变数之多远远超出我们的想象。

大数据改变了这一切。而且，还不只是改变了这一切。这套设备会收集很多数据，包括奶牛的身份、体重、产奶量，以及挤奶所需的时间、需要喂多少饲料，甚至牛反刍需要多长时间，等等。

机器还会从牛产的奶中收集数据。每一个乳头里挤出的奶都需要查验颜色、脂肪和蛋白质含量、温度、传导率及体细胞计数。一旦某一头牛被查出有什么问题，农场主的手机就会收到通知。

像这样的农场在西方发达国家越来越多，传统农业正在接受移动互联、智能技术和大数据浪潮的洗礼。对传统农业生产者，这将产生不小的冲击，但也会带来巨大的机遇。

未来，农作物从播种到收获全过程的一系列数据都将被各种设备记录下来，并用于分析。例如，通过地上的传感器和智能灌溉系统，农场主们能够最大化农作物的产量。灌溉系统能够精确了解哪种植物在什么时候需要什么养料，需要的量是多少。这就保证了不会供给过多或是补充太少，在施肥上节省了很多花销，同时增加了农作物的产出。为了了解更多的土地状况，增加土地产出，传感器可以安装在地面上，通过算法告知农场主们什么时候在什么地方种植哪种农作物。算法也能够告知农场主最佳的耕作时间和收获时间，以此获得最大的产出。大数据将完全改变传统农业的面貌。未来的农民接触更多的是各种现代仪器和设备，而不是锄头和农药瓶一类。

大数据将能够帮助增加作物产量，提高收获的效率，降低各种损失与风险，还能够预测天气、预警瘟疫、预估农产品价格走向，等等。几乎在生产、加工、销售的每一个环节，都会有大数据分析形影相随。

未来的农业，系统监测到了压力，就会尽可能地采取措施减轻牲畜们的紧张感。特制项圈能够帮助拥有大片土地的农场主们实时了解牛群的状况。它帮助农场主们追踪牛群，通过智能手机定位牛群的位置。传感器也能告知农场主们牛群的精神状况，是否需要采取措施。

大数据彻底改变了传统的农业产业化。对于农场主而言，投资大数据的成本很高，但是运用大数据技术所获得的潜在收益是巨大的。

# 附录　大数据发展简史

**1887—1890年**

为了解决人口普查这个复杂的统计难题，美国统计学家赫尔曼·霍尔瑞斯发明了一台机器来读取卡片上的洞数。该设备让美国用一年时间就完成了原本耗时8年的人口普查活动，由此在全球范围内开启了数据处理的新纪元。

**1935—1937年**

美国总统富兰克林·罗斯福利用《社会保障法》开展了美国政府最雄心勃勃的一项数据收集项目，IBM最终赢得竞标，即需要整理美国的2600万名员工和300万雇主的记录。

**1936年**

盖洛普领导的美国舆论研究所在总统大选的民意调查中击败对手，把民意调查推进到科学化的历史新阶段。

**1943年**

一家英国工厂为了破译二战期间的纳粹密码，让工程师开发了一系列开创性的能进行大规模数据处理的机器，并使用了第一台可编程的电子计算机进行运算。该计算机被命名为“巨人”。为了找出拦截信息中的潜在模式，它以每秒钟5000字符的速度读取纸卡——将原本需要耗费数周时间才能完成的工作量压缩到了几个小时。该工厂破译德国部队前方阵地的信息以后，帮助盟军成功登陆了诺曼底。

**1955年**

IBM的两名雇员辞职创办了全世界第一家独立的专业软件公司：Computer Usage Company；国会议员摩斯提出《信息自由法》草案，倡导制度化的信息公开；IBM推出了第一款商用硬盘存储器，每兆字节存储量的单价约为6000美元。

**1961年**

美国国家安全局一个刚成立9年就拥有超过12000位密码学家的情报机构，在间谍饱和的冷战年代，面对超量信息，开始采用计算机自动收集处理信号情报，并努力将仓库内积压的模拟磁盘信息进行数字化处理。仅1961年7月份，该机构就收到了17000卷磁带。

**1965—1966年**

美国政府一项秘密研究计划将所有政府记录——包括7.42亿条税单和1.75亿套指纹——转换为磁式计算机磁带存放在唯一的国家数据中心，尽管该计划后来因为遭受公众抗议而被取消了。该计划激发了1974年的隐私法案，这一法案限制联邦机构分享个人信息的行为。

**1989年**

英国计算机科学家蒂姆·伯纳斯·李在20世纪60年代提出通过开创一个叫作万维网的超文本系统在全球范围内利用互联网实现共享信息。

**1996年8月**

“我们正在开发一台超级计算机，它每秒钟内的计算量将要比人工手算耗时3万年的计算量还要大。”美国时任总统比尔·克林顿如是说。

**1997年**

美国宇航局研究员迈克尔·考克斯和大卫·埃尔斯沃斯首次使用“大数据”这一术语来描述20世纪90年代的挑战：超级计算机生成大量的信息。在考克斯和埃尔斯沃斯案例中，模拟飞机周围的气流是不能被处理和可视化的。其数据集通常之大，超出了主存储器、本地磁盘，甚至远程磁盘的承载能力。他们称之为“大数据问题”。

**2002年**

在“9·11”袭击后，美国政府为阻止恐怖主义已经涉足大规模数据挖掘。前国家安全顾问约翰·波因德克斯特领导国防部整合现有政府的数据集，组建一个用于筛选通信、犯罪、教育、金融、医疗和旅行等记录来识别可疑人的大数据库。一年后国会因担忧公民自由权而停止了这一项目。

**2004年**

“9·11”委员会呼吁反恐机构统一组建“一个基于网络的信息共享系统”，以便能快速处理应接不暇的数据。到2010年，美国国家安全局的30000名员工将拦截和存储17亿年电子邮件、电话和其他通讯信息。与此同时，零售商积累了关于客户购物和个人习惯的大量数据，沃尔玛自称已拥有一个容量为460T字节的缓存器——比当时互联网上的数据量还要多一倍。

**2007—2008年**

随着社交网络的激增，技术博客和专业人士为“大数据”概念注入新的生机。“当前世界范围内已有的一些其他工具将被大量数据和应用算法所取代。”《连线》的克里斯·安德森认为当时处于一个“理论终结时代”。一些政府机构和美国的顶尖计算机科学家声称，“应该深入参与大数据计算的开发和部署工作，因为它将直接有利于许多任务的实现”。

**2009年1月**

印度政府建立印度唯一的身份识别管理局，对12亿人的指纹、照片和虹膜进行扫描，并为每人分配12位的数字ID号码，将数据汇集到世界最大的生物识别数据库中。官员们说它将会起到提高政府的服务效率和减少腐败行为的作用，但批评者担心政府会针对个别人进行剖面分析并分享这些人的私密生活细节。

**2009年5月**

奥巴马政府推出data.gov网站作为政府开放数据计划的部分举措。该网站的超过4.45万量数据集被用于保证一些网站和智能手机应用程序来跟踪从航班到产品召回再到特定区域内失业率的信息，这一行动激发了从肯尼亚到英国范围内的政府相继推出类似举措。

**2009年7月**

为应对全球金融危机，联合国秘书长潘基文承诺创建警报系统，抓住“实时数据带给贫穷国家经济危机的影响”。联合国全球脉冲项目已研究如何利用手机和社交网站的数据源来分析预测从螺旋价格到疾病爆发之类的问题。

**2010年8月**

“自人类文明开创之期到2003年，全球范围内的信息量总计5艾字节。而当前，每隔两天就会积累这么多新信息。”谷歌前任CEO埃里克·施密特如是说。

**2010年**

每兆字节存储量的单价下降到1美分左右，联邦政府的年度信息技术预算为784亿美元，是全世界最大的信息技术消费者，其拥有2094所数据中心、约10000个信息管理系统、2000个域名和24000个网站；联邦政府举办了第一次开放政府数据的国际会议，英国、澳大利亚、巴西等十几个国家的100多名代表参加了会议。为应对大数据的挑战，联邦政府正式提出了“大数据战略”。

**2011年2月**

扫描两亿年的页面信息，或4兆兆字节磁盘存储，只需几秒即可完成；IBM的沃森计算机系统在智力竞赛节目《危险边缘》中打败了两名人类挑战者，后来《纽约时报》配音这一刻为一个“大数据计算的胜利”。

**2012年3月**

美国政府报告要求每个联邦机构都要有一个“大数据”策略，作为回应，奥巴马政府宣布了一项耗资2亿美元的大数据研究与发展项目。美国国家卫生研究院将一套人类基因组项目的数据集存放在亚马逊的计算机云内，同时国防部也承诺开发出可“从经验中进行学习”的“自主式”防御系统。美国中央情报局局长戴维·彼得雷乌斯将军在发帖讨论“阿拉伯之春”机构通过云计算收集和分析全球社会媒体信息之事时，不禁惊叹“我们已经被自卸卡车倒进了‘数字尘土’中”。

**2012年7月**

美国国务卿希拉里·克林顿宣布成立一个名为“数据2X”的公私合营企业用来收集统计世界各地的妇女和女童在经济、政治和社会地位方面的信息。“数据不只是测量过程——它能给予我们启发，”她解释说，“一旦人们开始对某个问题实施测量时，就更倾向于采取行动来解决它们，因为没有人愿意排到名单的最底端去。”